一路戀習，
陪你成為自己的光

米鹿
DeerDeer ／ 著

作者序

嗨，我是米鹿，謝謝你拿起了這本書，願意讀一讀我想和你說些什麼、分享什麼。

你可能看過我以許多不同的身分出現：YouTuber、樂評人、採訪者，或是 Instagram 社群經營者。一路以來，我用了許多方式試圖向世界表達我的想法，但卻從來沒有好好寫過一本書。

文字一直都是我最相信、也最擅長的事。
以前我的好朋友曾跟我喜歡的女生說：「想要懂李文豪（我的本名），就去看他寫的字，而不是只看他的人。」我的高中國文老師跟我說：「你的文字適合拿去創作，不適合拿來考試跟比賽。」我記仇記了好久，一直不懂為什麼那次模擬考，我考得比另一位男同學低分。

但有好長一段時間，並不相信自己能夠用文字去表達我所

認知的世界。因為我覺得內心的想法太難、太奇怪了，所以沒有人會懂。但這幾年透過影片、社群，有意無意的分享，我開始漸漸相信，自己心裡的訊息是可以被讀懂的。

「認為自己孤單，會不會是你的防護罩？可以將你所有遇到的事情合理化？」某次聊天中，一位朋友和我這麼說。

從那一刻開始，萌生了寫書的念頭。如果我認為自己的想法不能被理解，所以不寫出來，那麼我就永遠沒有機會遇到和我有一樣想法的人，不是嗎？

這本書最初的書名，是《你願不願意，成為第一個不孤單的人》。想傳達的是一種互助，而非僅僅是取暖。後來經過反覆梳理，成了一本練習自我療癒、探討愛人與被愛的書。總共分成五個章節：接受、曖昧、戀愛、放下、痊癒。

這五個詞彙放在一起，對我而言劃成了一道尋找愛的弧線。可能是第一次，也可能不知道是第幾次。我希望透過這本書，傳達至今我在戀愛裡做過的所有練習與自我探索。

畢竟愛與被愛，一體兩面，唯有透過認識自己才能認識別人，唯有透過擁抱自己才能擁抱別人。

後來想想，我也不願預設這本書會成為某個起點，或是達成某種念頭的轉變。只希望它能在你的書桌、包包、旅行箱、床邊，當你覺得需要有人陪你說說話、想要獲得新想法的時候，可以隨手翻閱。不一定會在日常生活中用到，但當你需要的時候，**它能帶給你一些溫度、傳遞給你一些想法、給予你站起來的力量**。我曾經走過的路與聽過的故事，經過親自感受和消化過後，傳達給你，希望能是你某一刻所需要的禮物。

我們都孤單，所以我們都將不再恐懼孤單。

米鹿
DeerDeer

輯一　接受獨一無二的你

閉上眼，
練習找到我們需要的愛。

戀愛，不該只是屈於將就、臣服於不想選擇

作為一本書的開場，這個練習可能有點奇怪，用來閱讀的書，卻要求你將眼睛閉起來。（對，這是一本特別的書，請準備好接受它。）

這是個我慣用的練習，通常使用在別人身上，尤其是在和朋友們喝點小酒的聚會。當他們開始和我傾訴近期不順利的戀愛過程，背叛她們的渣男、前男友，或總是找不到適合對象，陷入鬼打牆的時候，這個練習就會派上用場，作為我逃脫無限循環的訴苦地獄時使用。

什麼是我們需要的戀愛？我活在世上這麼多年，難道還不知道自己需要什麼樣的愛嗎？是的，很多時候的確不知道。

就像我們經常不知道晚餐該吃什麼，多數時候屈於將就，臣服於不想選擇，服從於回家路上順便會經過開比較晚的便當店，或是倚靠外送的服務——只想要賴在家等送上門的。

或許讀到這裡，我們就該承認人類終究是懶惰的生物。在對抗食慾跟被愛的渴望時，經常無意識地被動踏入某一種最方便的處理模式。

你以為自己做出了選擇，
實際上只是以固有的方式，
替自己採取不需選擇的作法罷了。

假設，撤除所有現實上、經濟上、時間上的束縛與枷鎖，如同無預算上限，台北、台南，甜的、鹹的任意挑選，此刻心中最想吃什麼，這才是你真正想吃的晚餐，才是你真正想談的戀愛。而不是回到家癱在沙發上滑手機，最後點了雞塊跟薯條的超值全餐。

這只是趨於妥協，在可以接受的範圍內，不花大錢又能吃得飽的選擇。

如果你準備好要腦洞大開，那麼，請和我一起做一次這樣的練習。

- ・ 第 1 點：首先，找個沒有人打擾，可以靜下心來的地方。
- ・ 第 2 點：閉上眼睛，做三次深呼吸。
- ・ 第 3 點：想像一個最開心、最快樂的畫面。
- ・ 第 4 點：對著自己說，看到了什麼？

看見了嗎？這就是你最開心也最快樂的樣子。

我曾替朋友做過這個練習，先稱她為朋友 G。她的困擾是雖然對方條件不錯，但無法在假日空出時間陪她進行戶外活動，而她也不想放棄熱愛的興趣，因此假日見面的時間變少，失去了部分戀愛感，不確定這段感情是否該繼續走下去。

我請 G 閉上雙眼想像，她的敘述是：「我和幾個朋友在某個國外的山上爬山，穿著登山裝、天氣微寒，流了些汗，但我很開心，很享受山裡的空氣、陽光、針葉林以及鳥鳴聲。」

我：「那麼妳男朋友有可能出現在這個畫面裡嗎？」
G：「不會，他不可能拋下一切跟我出國。出了國也不會跟

我去爬山。」

我：「這是妳最快樂的時刻，但最愛的人卻無法和妳分享，也不會參與，這樣妳快樂嗎？」

G：「不快樂。」

然而，人們談戀愛的順序，通常與這個練習反過來。

大家習慣先找到一個還不錯的對象，接著花很多時間溝通、配合、調整，希望這個對象能和自己一起朝最快樂的地方邁進。但這個練習，卻是以我們內心的希望作為出發點，先完整將目的地勾勒出來，再以這樣的條件去挑選旅伴。

於是，這項練習的「第 5 點」才是最重要的一點：「**把目前的對象放進去，看他會不會、適不適合出現在那。**」如果目前沒有對象，那就把「能參與這畫面中的人」設定為下一個對象的條件。或許這樣做，就能離想像中的快樂、理想中的戀愛更靠近一些。

這個練習很適合作為開場，也是我寫這本書的起頭與動機，希望藉由過去在感情上的學習、應對進退、自我練習、自我和解以及心路歷程，幫助正在尋找愛的路上有些迷失的

你，看見重新面對自我與理解愛情的態度。

或許此刻你需要的，僅是稍微轉念，並非改變自己的本質，讓世界透出光、瞬間變得不一樣。

願這本書，能陪你成為自己的光。

/ Play list /
Billie Eilish-TV

Finding THE ONE
戀習單
陪 你 找 到 最 好 的 他

延續前一篇的小練習，這個戀習單會帶著你進入關係中更深一層的思考。不論你現在是單身還是有另一半，都可以試著寫下自己的想法，會藉此發掘心中意想不到的答案。

│使用方法│ 找個安靜不被打擾的角落，完成這張單子需要約 15 分鐘。開始前，請先閉上眼睛，深呼吸幾次，讓我們透過這張戀習單的想像練習，一起找到只屬於你的，愛的樣子。

1. 想像你們拍了一張最棒的合照，這張照片是在哪裡拍的？你們正在做什麼？是自拍或被拍？或是你幫他拍？

2. 你最希望他陪你度過哪個節日？
   你希望這天的約會是如何度過（早上、中午、晚上）？

3. 約會中，你最想和他聊的三個話題是什麼？約會的聊天過程中，談論你或他的比重分別是多少？
   你：____ %、他：____ %

4. 約會中，如果你說：「我們結婚吧？」他會說什麼呢？

5. 若讓你用五個詞彙形容他，你會怎麼說？

6. 這段關係中，你最渴望被這位愛人如何讚美？
最深刻、最浪漫那種。

7. 寫下五個，你覺得最接近「愛」的詞彙。

8. 寫下三句能替代「我愛你」的話。

9. 當你真的很愛、很愛他，在你們的婚禮上，你會和他說什麼？

10. 你知道他真的、真的很愛你，你想聽他說什麼？

謝謝你完成了這份戀習單，原來愛一個人，在你眼中是這樣子。如果他尚未出現，這份指引會幫助你在人海中找到他；如果你現在有另一半，那麼你會知道，屬於你們最好的未來，該往哪裡去。

最後，如果你願意，邀請你用任何方式分享已經完成的戀習單。我們很少有機會認識別人心中的愛是什麼樣子，當我們知道了每個人對愛的想像不同，就更能肯定彼此的愛有多獨特。或在 IG 上 tag 米鹿 @deerdeer_milu，讓我能成為媒介，把這份戀習分享出去，傳得更遠。

你確定
自己真的不想愛了嗎？

感情中的大魔王並不可怕，
可怕的是在不知不覺間，失去了對戀愛的信心

我始終相信，每個人心中都有一個大魔王。
感情中的大魔王。

平時不一定會浮現，但卻埋藏在你心底最深處。通常大魔王會伴隨著某一首歌被封印起來，像是遊戲中魔法師詠唱的魔咒一樣，把大魔王壓縮再壓縮，裝進一個不起眼的黑色玻璃瓶裡。為什麼不把瓶子徹底毀滅呢？你也想，但你就是無法讓大魔王完全消失或消滅它。於是，為了求生，你暫時封印它、放在心裡裝作視而不見。裝到自己也以為是真的忘了。直到某個瞬間，走在路上或朋友的車裡，突然聽到音響裡又播放了這首歌。

你說：「啊，是這首歌啊？」

朋友說：「你也知道嗎？我好喜歡這首歌！」

朋友的笑容傳達著他好不容易找到了知音，於是你也不好意思破壞他的興致。殊不知這首歌，在無數個夜晚裡陪你喝了好多杯紅酒，哭過了一次又一次，從有感聽到無感，直到如今，好像可以一笑而過了。

於是，你點了頭說：「對啊，真好聽，唱得真好。」

多少都會有這樣的時刻，對自己說下次不要再愛人了，好好愛自己就好，談什麼戀愛？就像狂歡一晚後，隔天睡醒迎來的宿醉、頭痛欲裂，傳訊息給昨晚灌你酒的朋友說：「我這個月不喝酒了！」卻總又在隔一週後，不小心因為氣氛或心情低落，再度打破自己的約定。談戀愛這件事，某個程度上，也是這樣子吧？反覆在承諾間來回循環著。

真的確定自己不想愛了嗎？戀愛明明這麼美好。「為了不要承受失去的疼痛，不如選擇從頭到尾都不曾擁有。」如此極端、帶點幼稚而英雄主義的作法，看起來帥氣，但真的值得嗎？從此拒絕接受任何被愛的可能，推開任何想愛

你的人，只為了曾經傷害過你的某個他。似乎對自己與想愛你的人來說並不公平，對方不明不白的繼承了前任在你身上遺留下的傷口。對你而言，是否也因為上一個不愛你的人，而讓自己失去再度被好好珍惜的機會？

請記得，
我們害怕的是「受傷」，
而不是害怕「戀愛」。

如果真的對戀愛感到恐懼，此刻該做的，或許是好好讓自己休息一陣子，慢下來，緩緩地看，到底是對戀愛中的哪一部分感到害怕？性、親密、陪伴、安全感還是情感投入，你害怕失去或面對的是什麼？**並非是在下一段戀愛開始之前，全然地拒絕所有的可能性。好像只要幫自己貼上一個「我不適合談戀愛」的標籤，就能解決一切。**

大魔王雖然可怕，但同時也是給予你滋養的經驗值，更是你該面對的功課。如果面對它都過得了，那麼感情上還有什麼辦不到的？面臨一場戰鬥，可以同時擁有「面對」與「逃跑」的選項，逃跑也是一種選擇，但某一天，終究還是需要面對。就像那首原以為這輩子再也不會聽到的歌，

最終還是聽見了。

承認自己還是需要戀愛、享受愛與被愛。
我們討厭的並非是那首歌，我們討厭的，是在人生的某一刻賦予它、使它承載的記憶與情緒。
當有一天準備好了，心裡清空了、情緒乾淨了，試圖練習戴上耳機，再把那首歌拿出來聽一次。

無論愛與被愛、傷與被傷，那些波動或阻塞難言的情緒，就是我們還能愛、還想被愛的證明。

| Play list |
IU-Through the Night

我們都曾不小心傷害過另一個靈魂。

並不是每個人都心懷惡意，寧願相信大家都曾有過笨拙的時候

我想分享一段很久、很久以前，第一次談戀愛、仍患有直男癌的尷尬經驗。

當時，很幸運地在高中班上交到了人生中第一個女友，女孩D。但十幾歲的我，根本就不知道所謂的「談戀愛」是怎麼回事。D 是我的第一任，但我是對方的第二任或第三任吧，彼此在戀愛經驗值上有些差距。

在這段感情中，**我反覆學到的就是在「保持自我」與「表現對方應該會喜歡的我」之間拉扯**。作為我初戀的她經常拋出各種地獄問題，而身為戀愛小白的我，在那個年代根本就還沒有任何的求生意識。

有一次她問我：「你該不會不只喜歡我一個人？」

當時，以為性格裡所有的好壞都可以被對方安穩地接納，青春期的可愛男孩，就如實稟報了。

我說：「我覺得吉他社的○○○唱歌很好聽，可能也有點喜歡吧？班上的ＸＸＸ，畫畫非常厲害，那時候我也會覺得她很有魅力。」

這樣的回答當然是引來一頓爆罵、吵架數天，接著順便被女孩Ｄ的姐妹們檢討一番。更限制我與上述另外兩位女生有過多的接觸與聊天，我當然只能接受與同意（雖然心底不爽，不過也認為這是種合理的等價交換）。幸好學生時代還沒有渣男這種詞彙，也沒有 D-card 跟班級的 Line 群組，否則高中三年，我應該會直接被宣判社會性死亡，名聲一路臭到大學，同學會上將無止盡的被大家糗。

在這裡，並不準備討論關於喜歡與愛的對象，是否必須為一個永恆的單數，這只是一段少男的成長經歷，不知道談戀愛的時候有些話該說，有些話不該說。在那個時期，自己還無法成功區分「戀愛的喜歡」、「承諾的責任」、「好感與欣賞」這些字詞的差別，更不懂得對另一半說話的藝

術，實在是被罵剛好，沒得逃脫。

就如同故事裡的我一樣，曾幾何時，我們都在某一段戀愛當中，不小心成為那個加害者？雖然現在能雲淡風輕，將整段過程如同上綜藝節目聊天般敘述出來，一笑置之，但誰知道呢？或許你我曾在對方心裡，留下了始終未知的創傷或陰影。

在自我認知的程度上，我想表達的是：「我想這樣說」、「想與你分享各種想法」、「想和你討論愛與喜歡的本質」、「想跟你分享我喜歡或欣賞的人」，但在女孩 D 的耳裡，聽到的卻可能是：「我不夠好」、「那我喜歡你幹嘛」、「我不是你唯一喜歡的人」、「他們有我沒有的優點」。

人與人的相處極其複雜，
誰也沒把握自己能永遠當一個符合標準的好人。

如果在此刻，回首過往自己曾犯下的錯，是否就能對別人在我們身上留下的傷口，也放寬心了一些呢？也許當時對方只是無心之過，就如同我高中時期的笨拙應答。儘管現在我也無法再去詢問對方：「嘿，我當年是不是不小心傷害了妳？」可能是，也可能不是。或許女孩 D 從頭到尾都

沒把我的回答當成一回事，也可能這件事在女孩心底成為最終我們分手的原因？但這些都不重要了。

如果人們能容忍自己曾經犯下的錯誤，得以擁抱、用自己認為妥善的方式敘述與和解，換個角度思考，那些過去使我們受傷的對象，是否也在地球的某個角落這樣想著：「啊，原來我當年這麼笨拙，曾經傷害了他，不知道他現在好不好呢？」雖然聽起來像是一種自我安慰法，但比起認為自己人生中出現的每個人都心懷惡意，我寧願相信人人都曾經有過笨拙的時候呢！假使現在能笑看自己過去犯下的錯誤，也許會在某個不遠的將來，我們也能這樣看待別人在你心中留下的傷口，想必彼此都能輕鬆許多吧？

我們都曾不小心傷害另一個靈魂。

他曾不小心傷害到我，

就如同我也曾不小心傷害過另一個他。

我們都想愛，只是還沒學會愛，愛得太笨拙了。

/ Play list /

孫盛希 -Give It To Me

談過戀愛的人，
誰身上沒有傷痕？

身上沒有傷痕的人，絕對不是最好的戰士

「尋找另一半，你最怕遇到的情況是什麼？」某次我在 Instagram 上收到了這樣的提問。

我想了想，是對方太黏？或是對方不給予交友的自由空間？要求每天上下班接送、固定視訊掛睡？或者以上皆是？嚴格來說我一個都不想選。但仔細思考，現在真正會讓我打退堂鼓的，倒不是這些交往後期才會發生的事情。不論是要黏、要管，我們還要先在一起才有機會。

事實上，有種狀況會更令我退卻——不曾談過戀愛，或戀愛經驗很少的人。

或許你會說，這樣不公平，有些人就是三十幾歲也還沒遇

到適合戀愛的對象。的確有，學生時期的一位朋友就是如此，明明念書時很多人喜歡、情書收不完，人也長得有氣質、很漂亮，但就是一直到了現在都沒交過男朋友。朋友間的賭注，從她大學會交到男朋友，到工作後就會交到，變成三十歲前應該真的交得到，直到現在再也沒人敢拿這件事來開玩笑。

或許是她標準很高，或許是她眼高手低，從朋友的立場當然會這樣分析。但若今天我是對她有好感的男性，我想的是：「是什麼樣的原因，讓她到現在還沒有談戀愛？」或者「她有學習如何談戀愛嗎？」

正因為如此，談戀愛，我最怕的其實不是對方身上很有多傷痕，我更怕的是對方如同初生嬰兒般潔白無瑕，沒有任何一絲小傷口。不曾摔倒過的孩子，你要花更多時間去說服他，摔倒的傷口其實不算痛；不曾談過戀愛的對象，要用更多耐心去陪伴他，說明吵架爭執真的不算什麼，那些悶在心中，覺得自己苦但不願意講的，其實才是兩個人在一起真正的膿瘡。兩個人相處在一起，有太多、太多需要學習的事，談過戀愛的你一定知道，**我們都是帶著上一次戀愛的經歷和成長，進入下一段，試圖做得更好。**

忘了曾經在哪裡看過，有句話說：「身上沒有傷痕的人，絕對不是最好的戰士。」

談戀愛雖然不是真正的打仗，但大多時候可能也離真正的戰爭不遠了。如果你也是那個愛的傷痕累累的鬥士，為什麼此刻要遮遮掩掩，試圖用糖衣蓋著你身上的傷疤呢？你該找的根本就不是渴望著嬰兒皮膚的處男，**而是尋找一個真正懂得欣賞你的經歷、你的學習、你的成長，你如何在一場又一場戀愛中存活下來，和你一樣的傷痕鬥士。**

那些都能讓你進化成更好的人，都是你在愛裡面留下的足跡，讓你成為愛的戰士。

正因爲你受過了傷，
所以知道下一次該如何避免衝突。

正因為受過了傷，更知道平時就該鼓起勇氣溝通，而不是等火苗蔓延成了燎原星火，才想辦法找救火隊來撲滅。如果沒有面對過，怎麼可能知道該如何處理？這些都是我們透過一次次和不同的他相處與練習，最終才得到的滋潤與養分。

別再為自己身上的傷痕而感到自卑了，看看鏡子裡的你，好好擁抱他，對自己說一聲：「辛苦了。」還好此刻，你已經懂得欣賞身經百戰的自己，那些曾以為是扣分的痕跡，如今看起來，都是一道又一道提醒著你已經成長的勳章。

| Play list |
蔡健雅 - 達爾文

你已經很會談戀愛，
只是沒發覺。

談戀愛的本質是交朋友，暫時拋下工作腦吧！

作為一位 YouTuber，半隻腳踏在演藝圈裡的人，在工作上或社交上常常會遇到許多才貌出眾的女生。多年前看電視時，也不相信螢幕上那些談話節目的女明星說：「我真的只交過一、兩個男朋友，我常被騙，不然就是遇不到真愛。」我也是在多年後，身在其中才發現，原來有些是真的。

「遇到的人夠多，不代表那些條件不錯的人會想跟我談戀愛。」S 這麼說。她是我某次在朋友活動上遇見的創業家，一位很有想法的女生。

那是一場朋友舉辦的聯誼旅行團，我和 S 其實都是以替朋友捧場、觀察活動如何舉辦的心態去參加。在那場活動，大

家也沒把我當一回事，我只是充當炒熱氣氛的樁腳，但對 S 來說，真的有些收獲，有異性趁著 S 落單的時候過去搭話。

當時我坐在帳篷外，默默觀察離我一小段距離的 S，正準備展開一場浪漫對談。那時氣氛不錯，所有人在露營區，旁邊有蟬鳴聲，抬頭有星星，大家剛吃完晚餐散去，剩下有些人在聊天，有些人在喝啤酒。

本來打算見證一場浪漫邂逅，但沒想到才聊兩、三句話，S 就默默進入了商務聊天模式。原來 S 最近正好準備要裝修店面，而向他搭話的人恰巧是位室內設計師，於是 S 開始大聊租金、裝修費、裝潢風格、是否可以合作、是否有推薦的設計師等。而對方也順著 S 的話，被開啟了工作腦，開始流利的討論設計相關事宜、費用，給予最適當的建議。

或許你會認為這樣有什麼不好？的確沒有。兩人可以有業務上的交流，但這些對話內容一點曖昧都沒有啊！你是來談戀愛，不是來找設計師的。你認識的人這麼多，有必要在這裡找設計師嗎？我坐在露營椅上，心中默默大喊著。

當男人被女人詢問到工作或涉及自己專業上的問題時，很

容易開啟我稱之為「工作腦」的模式。為了努力維持自己一定的專業度，證明名片上或耳聞中我的工作經驗並不是唬爛，這時男人會將所有的專注度與血液，從身體的其他地方全部轉移到腦部。這是為了：「讓對方不要看我沒有！」「我要展現自己真的很專業。」絕大多數的男人，真的很難一邊聊工作、一邊跟別人調情（除非遇到老司機）。

絕對不要跟男人談工作，更不要挑戰他的工作。

男人是一種地域性感知很強的生物，尤其是在嘗試挑戰他的專精項目時，絕對會認真回答。**這個模式，很難切換回戀愛腦，如果第一印象是談工作，有很大概率你們之後見面也會一直在談工作。**

但 S 平常其實很會聊天，只要是一般場合，有能力讓在場的人笑聲不斷。某次我終於逮到機會問她：「妳明明平常就很會聊天，為什麼遇到感覺是對象的人就不會聊？」
S 回答說：「因為那是工作啊，工作上我很會聊，但只要一放鬆我就當機了。」

後來我發現，S 的癥結點在於如果是與工作有關的談話或聚會，她會先大略想好方向，或搜尋一下對方的社群軟體，看看最近對方關注什麼話題，以此作為聊天的開端。

我：「那妳不能準備幾個『談戀愛用的話題』？讓妳在遇到有興趣的對象時能夠好好聊天？」

S 瞬間恍然大悟地看著我：「對耶！我怎麼沒想過？」

其實談戀愛的本質就是交朋友，如果你在工作上、教室裡很容易交到朋友，其實相同的邏輯，也適用於與喜歡對象的初步認識與調情。如果你認為在交朋友的時候需要準備一些話題，那麼在談戀愛、遇到對象之前，不如也做些準備。畢竟，談戀愛有時候比交朋友重要得多，怎麼能不多用點心，準備一下呢？

其實你已經很會談戀愛，只是沒發覺。

/ Play list /
孫燕姿 - 一樣的夏天

每種愛的形式，
對你來說都是對的。

愛並不一定有定義，
當你感受到幸福與溫暖，那就是了

二十八歲之前我是不算命的，甚至連自己準確的出生時間都不知道，因此，大多數的算命都沒辦法算。但在二十八歲結束了某段感情後，我走入了算命老師的店裡，開始尋求一些理智之外能給予我的答案與指引。也在這個時候，我認識了人類圖。

在這裡我並沒有要談什麼理論或專有名詞，只是在人類圖的系統裡，有個有趣的概念想與你分享。這概念直接對應到愛，與愛有關。很大程度釐清和重整了我對愛的看法與認知。僅限於我個人的理解，不代表任何的權威或答案。

人類圖裡有九大能量中心，其中一個叫做「G中心」，生理上它對應到的是肝臟與血液。G中心同時掌管著我們對愛、自我認同與方向的認知。簡單來說，一個人的G中心只會有兩種狀況，一種是「有固定運作」以及「沒有固定運作」。我是屬於固定運作的類型，研究人類圖的朋友跟我說：「固定運作的人，對愛有固定的認知與了解，會認為某種愛的方式是對的，知道自己該去愛什麼樣的人。」

還記得我聽到這句話的當下，整個人像是被電流通過，瞬間領悟了些什麼。

在我人生的認知裡，這件事是再正常不過的，一個人知道自己喜歡什麼樣的人，該去愛什麼樣的人，不是一件很正常的事嗎？我從來就不覺得這件事情有什麼特別，甚至覺得搞不清楚自己愛什麼的人，一定是自我認知有問題或書看得不夠多？對自我挖掘得不夠深，才會產生這樣的疑問。但在這一刻，我的價值觀與世界出現了反轉。

在人類圖的世界裡面，有大約43%的人，對於「愛的定義與方向」是全然開放的，這是什麼意思？

懂人類圖的朋友說：「不固定運作的人，代表他們自己待著的時候，對愛情是沒有方向和固定想法的。你可能覺得他們很沒主見，但對他們而言，每一種愛他們都可以接受。同性的、異性的、老少的、跨種族跨物種，任何形式的愛都是可以接受的。正因為沒有定義，所以任何定義他們都可以擁抱，這是你所沒有的能力。」

我的確對愛有著某一種偏見，有我預設的條件，對象必須一關一關過濾，我才會選擇和她在一起。這對我來說是一種經驗的累積，還有保護自己的篩選機制，要我義無反顧的接受另外一個人對愛的觀念極其困難。

但相反的，我也失去了某些探索愛的可能性。某些人的戀愛對象都是有跡可循的，對象之間可以明顯看出某些共同點；但反之，另外一些人則沒有，原因可能來自於對愛並沒有固定的定義。

有的人聽到這裡會感到恐慌：「如果我對愛沒有固定的認知，該如何找到真正的愛？」進而開始對自己過往的戀愛感到迷惘與不安。

但其實，優點即缺點、劣勢即優勢，距離第一次聽完這個理論，經過約兩年的學習後我才明白，**在尋找愛的過程中也算是愛的一種，在體驗不同的愛之間，也算是一種愛。**

所謂的愛，並不一定要有既定的終點與定義。

如同藝術與畫作沒有絕對的「正解」與「優秀」，所有的正確與否其實都來自當下的感受。如果在當下感受到幸福、溫暖，那是內心真實的反應，騙不了人的，我們無法假裝出被愛的感受。

當然，對同一個人可能昨天有愛的感覺，但今天沒有，那就是另外一件事了。

人類圖給了我一種重新認知愛的角度，我不再認為所有人對愛的形式都有固定認知。愛這件事，本來就不該存在正確與不正確，是我的想法太狹隘也太侷限。想想，反而想體驗一次對愛沒有定義的人生，跟著誰、去到哪，都是全然未知的，就像跳上一台目的地不明的戀愛巴士，那又怎麼樣呢？重點是你在巴士上談戀愛，又不是你要非得去哪裡。

每種愛的形式對你來說都是對的，
每種愛在感受到愛的當下都是真的。
你並不奇怪，只是沒有人告訴你，我們都很奇怪。

/ Play list /
Rad Museum-Dancing In The Rain.

靜下心，會知道什麼樣的關係才是健康的。

這段關係是否舒服、健康，身體的感知都知道

你是否相信，身體有一種幫你逃離危險的機制，能協助你面對危險、或逃離被獵食的劣勢？我始終相信，這樣的機制是來自於人類遠古時期，就留在基因序裡的，近乎野性的直覺，如同在草原上逃離野生動物的追逐。

你是否有過這樣的經驗？對眼前的朋友，無論如何就是感覺不太舒服、不想靠近他。而最後這位朋友真的做了一件對你有害的事情，幸好當初你選擇相信自己的念頭，離他遠了一些，才沒造成更大的波及與傷害？

人類感官遠比自我認知來得敏銳許多。某次我在家裡附近的公園跑步，就有過這樣神奇的經驗。平時我都是晚上九

點、十點才會結束工作，去跑個三十分鐘，但那天心血來潮，想要趁著下午吃晚飯前的空檔去動一動，於是出發了。當我順著平常跑步的路線，跑到盡頭時，腦中突然閃過一個念頭，我的膝蓋讓我煞車了，停止腳步的當下我並不知道為什麼要這樣做，但下一秒鐘，看見兩台車接連從眼前的出口竄出來──我躲過了一場車禍。

因為臨時更換跑步時間，而沒意識到那個地方原本是大樓停車場的出車口，剛好在這天下午有車要出來。可能我的身體在那一刻看見了信號燈，或者聽到了車子的引擎聲？我不確定，但總之身體搶先大腦之前告訴我，必須要停下來。

這次的經驗提醒了我，**人的身體是有能力讓你迴避危險的**，像是你進到一間感到不太舒服的餐廳，或者感覺有問題的旅社。在你明確知道哪裡不對勁之前，身體已經透過感官提供綜合性的判斷：「離開這裡，這裡對你的身體不好。」**同樣的能力，在談戀愛的時候是不是也有呢**？

我相信是有的，只不過在關係裡，多數時候我們會選擇使用理性思考，或為了維持這段關係而優先選擇「再等等、再看看」、「先順著他的意思，讓他氣消，之後再說吧？」

很多時候戀愛與生活高度重疊，而為了維持正常生活與關係，很容易選擇「將就」。無可避免，我們就是有工作要做、有班要上，生活與戀愛在多數時候對我們而言是一種妥協，而不是一種選擇。進而讓我們屏棄了生活的本能與五官的感知。

當你試著抽離身體、放開自己，從第三人的角度看待你與他之間的關係時，身體會有什麼反應呢？如果今天你與他的相處沒有任何的責任與義務，單就人與人之間的相處，你會告訴自己，這樣的相處是舒服、健康的嗎？如果是，恭喜你身處在一段健康的關係裡；若不是，或許你該考慮看看，眼前的他是不是你最正確的選擇。

這樣的細節在生活上隨處可見，包含兩個人睡在一起時會採取什麼樣的睡姿。通常一方占據床的大部分，而另一方縮在一角或快要掉到床下，象徵彼此在關係中的地位並不健康也不平等。

又或是你本能上抗拒對方的擁抱或輕吻，以及相處的多數時刻，其實身體並不會朝向他，而是寧可朝向電視機，那麼可能代表你的身體並沒有完全接納這個人。

愛情不只是責任與義務，
用心感受自己需要的是什麼。

相關的跡象還有很多，但在這裡想說的，**只是鼓勵大家能退一步看看，觀察身體傳達出來的訊息，許多時候我們都被人際關係綑綁著，所謂「男女朋友」之間有各種模糊的責任、義務跟妥協要完成。**

但如果能站在他人視角，觀察自己、感受自己，也許就會發現，你早就知道眼前的這個人相處起來並不舒服。而當你在勉強自己的身體與心靈和這個人相處時，所花的是兩到三倍的力氣，因為你要強迫自己本能上保持距離的身體，執行理智上認為應該要進行的互動，這是多麼累人的一件事？如果可以，試著放過自己吧！

當身體與心回到最平靜原始的狀態，才能好好感受自己要的是什麼。

試著靜坐五分鐘，問問自己，這段關係對你來說，真的健康嗎？相信你內心自會有答案的。

/ Play list /
張懸 - 焰火

明白自己的承諾很珍貴，
只留給珍惜你的人。

**愛錯並沒有關係，
但愛上不對的人，要記得勇敢離開**

來談談我的戀愛經驗，從死裡往外談的那種。

我的第一段戀愛，發生在高中二年級，對方是同班同學，長得很漂亮的女生，原本並沒特別注意她，只是某次換座位她剛好換到了我的身後，可能是從某次考試或者某次我請她幫我抄聯絡簿開始，突然發覺彼此間的氣氛有點不一樣。

我其實從頭到尾都不覺得她會喜歡我，真心認為對方只把我當好朋友而已。高中以前的我並沒有戀愛經驗，對自己也不太有自信，也許是之前告白都被女生拒絕，又或是因為那時臉上長著很多青春痘，不相信會有女生喜歡上我。

某次的小考，我轉過頭去說：「我們來打賭。如果我真的
考贏妳了，妳下個禮拜六就請我吃飯，反過來就換我請妳
吃飯。」故事的後來，當然真的去吃了飯，誰贏誰輸我已
經不記得了。這是我第一次認真尋找桌上放著小蠟燭的氣
氛餐廳，度過害羞又浪漫的一天。至於後來怎麼在一起的，
是某次放學我們約在咖啡廳讀書，讀著讀著被對方發現我
其實都沒在看書，只顧盯著她看，某個瞬間，我們就接吻
了，我意義上的初吻。

後來才明白，第一次初吻，真的不會記得發生了什麼事，
只感受到身體輕飄飄的，從咖啡廳出來後，我問：「這樣
我們算在一起了嗎？」
她生氣的盯著我說：「當然在一起啊，不然怎樣才叫在一
起？」

那段日子裡，有很多好笑、笨拙、開心的樣子，直到今天
我還是很謝謝她，給了我一段美好的初戀。而在此後的戀
愛經驗裡，要選擇交往對象前，我逐漸產生了一些準則。
這發生在空窗期，我會幫自己設定大概的交往對象條件與
範圍，而這些條件，通常是根據和前一任的相處經驗而來。

例如，前一任若是因為年紀太小，而讓我覺得相處過程中，對方經常有耍任性的狀況發生，下一任我就會告訴自己要選個年紀大一點的。如果前一任特別愛講電話，抱怨工作或生活上的瑣事，下一任我就會找在曖昧期間極少打電話給我的。如果前一任我很喜歡、很喜歡她，但興趣就是跟我完全不同，那麼再下一任，我會選擇至少和我一樣喜歡聽音樂的對象。這些其實都沒什麼特別的依據，只是希望自己不要重蹈上一任的覆轍而已。

我的戀愛故事，經過很多的實驗跟嘗試。「如果性格外貌都喜歡，但興趣真的都不同我有沒有辦法跟她在一起？」沒有。「如果跟我一樣愛看書，但音樂品味跟我完全不一樣可不可以？」不行。「如果她什麼都好，但就是要我每天接送她上下班可不可以？」不可以。

所謂的戀愛，就是經過一次次的篩選與嘗試，才能慢慢找到適合自己的另一半。

現在說起來，對以前每一位曾經陪伴我的對象好像不太公平，怎麼好像成了實驗品呢？但我這樣解讀，每一段的愛，我們都試著用最好、也最認真的態度彼此相信，否則又該

如何度過曾經在一起的時光？

因為這些邏輯，大約在二十五、二十六歲之前，我對交往都是抱持著「若是她符合目前的條件，感覺不錯，那我就願意試試看」。有些人選擇對象的標準一定要超越一百分才會交往，但我可能是超過八十分就願意試試看，畢竟每個靈魂都不一樣，沒試過怎麼知道她不是你的唯一？

隨著年紀漸長，步入三十之後，這條規則也好像漸漸失守了，開始覺得自己一個人過也不錯，談戀愛好累，以前那種「有希望就去嘗試」的想法，似乎不符合現在的戀愛邏輯。逐漸明白自己的承諾很珍貴，只該留給珍惜你的人。

我曾經有過一段極糟的戀愛、甚至不算戀愛的經驗。因為最後我與她，姑且稱為 R，並沒有在一起。她是少數超過一百分標準的存在，也恰巧符合所有我在那個時期所期待的對象特質，一切都很完美。於是我付出了很多的時間、精力、精神，去陪伴和給予她所需要的。不管是一通電話就跨縣市去找她，還是明明很不喜歡講電話，卻願意陪她說好久、好長的電話。

有一段時間，我甚至覺得「既然我願意為她付出到這種地步，應該是真的很愛她吧？」直到真正清醒過來，**我才知道這是「期待她會看到我」而不是「我愛她」**。自己就像是不受寵的寵物，只要主人難得投以關愛的眼神，就覺得自己從此得寵了，實際上只不過是假象。

在我如此投入與付出的那段期間，某天從一位朋友口中得知 R 對我真正的想法，她說：「我知道他喜歡我啊，但我不會跟他在一起的。我只喜歡他陪我，但我不喜歡他。」

聽完後的那天晚上，是怎麼睡著的我已經想不起來了。

每個人在戀愛中都可以嘗試，都可以勇敢的去愛，
愛錯沒有關係，但我們要逐漸明白，
愛上不對的人，要記得離開。
有時相信能保護自己的規則跟條件，不一定有用呢！
總有人會比你聰明的，要小心。

| Play list |
Swordfish-Ludovico Einaudi

情緒和事件是分開的，
總有人能承接我的感受。

**試著轉念理解情緒來源，
能幫助你在準備要戰鬥或吵架前，
提供一段有彈性的餘地。**

你曾想過這樣的可能性嗎？其實所有的情緒都來自於你自己，而非他人。換句話說，**我們感受到的任何情緒，都是在自己體內發生的，並非別人「丟」給我們的**。聽起來有點意外，但實際上確實如此。有人可以「丟給你快樂」或「丟給你悲傷」嗎？可能沒有。

這幾年我很喜歡閱讀一位心理學家 —— 榮格的各種書籍與心理學理論。

榮格在心理學派中較為特殊，因為他本身除了心理與醫學之外，也研究神祕學與煉金術，相信有鬼魂的存在。其他還有很多有趣的理論，像是「人格原型」、「人格面具」、「集體潛意識」等，都是我急欲探究的領域。剛開始接觸榮格，

是因為覺得：「哇，榮格好酷，明明是醫生還鑽研神祕學。」

榮格的理論中，有個很重要的基底稱為「原型」，人格的原型產生，常是因為童年時的記憶或創傷。可能只是一件細小的事件，來自父母或家人的某一句話，卻在你心底默默的發芽、蔓延，就這樣一直藏在心底。當你長大之後，某些強烈的情緒，所牽引出的可能就是當初那句話或那個狀況，但和眼前實際發生的事可能一點關係都沒有。

我有一個朋友 J，從小就被父母教導：「吃東西不可以發出聲音。」偏偏他小時候就是個過動、不聽話，十分叛逆的孩子，朋友 J 想怎麼吃就怎麼吃。用打的不成，就改要求他罰站不准動好幾個小時。我原本不知道這件事，只是後來察覺到朋友 J，不知為何對於別人要求他「不要發出聲音」這件事，總是感到莫名的憤怒。

有一次，幾個朋友一起看電影，覺得他吃洋芋片磨袋子的聲響太大，出聲提醒，沒想到他突然在電影院站起來暴怒，大喊：「發出聲音不就是我的自由嗎？活著不就是會發出聲音？」嚇得大家瞬間不敢說話。

後來經過了某次長談，才發現「發出聲音的自由被阻止」這件事情，會讓他聯想到小時候被父母下令「吃東西不可以發出聲音」，這件事成了他的「原型」，進而會讓他聯想到被打、被罰站、被限制行動自由。至於這個觸發的扳機，也不一定跟吃東西有關，當他移動椅子或咳嗽等，連任何行動發出的聲音，都很討厭被限制。

他能明白我們對他的提醒，也知道電影院不該發出過大的噪音，但他的身體會本能去對抗任何人，去批評或咒罵「有人不爽我身體發出聲音」這件事。這就是所謂的「原型」，或是某種情感連結。

朋友 J 的「憤怒」，來自於「兒時被罰站的情緒」以及「對家長限制我自由的反抗」，憤怒是因為想要掙脫情緒而產生。那是一種潛意識的反射，開關被開啟，追根究柢，與當下此時此刻「別人請你看電影不要發出聲音」，實際上並沒有絕對關聯。使朋友 J 憤怒的，是當下的「事件」，勾勒起「原型」，而最終，「原型」想要反抗而產生憤怒的「情緒」。若能理解情緒的產生過程，便多了一種提醒自我的方式。

了解情緒的來源與過程，
對於「事件」就能有更多放下與諒解的機會。

這也是一開始提到「情緒」和「事件」，有很多時候是分開的。就像當你下廚，不小心搞砸了一盤菜，便自我放棄地說：「反正我煮的這盤菜就是難吃。」但到底難吃在哪裡？是食材出了問題？調味料加太多？還是火侯控制得不恰當？我們太習慣被情緒沖昏頭而習以為常，放棄了用理性與感受去理解、梳理自我情緒的機會。

剛剛談的是憤怒，放到感情上其實也是一樣的。
以聽情歌的例子來說，今天聽到陳奕迅唱的某一首情歌，覺得很感動，但這個觸動的過程是什麼？是你聽到了他的聲音、他的唱法、這首歌的歌詞，還是 MV 的畫面，「讓你想起了哪些和你生命有關的事件？」可能是前男友，可能是某個沒有開花結果的戀愛。這就是「事件（情歌）勾勒起原型（情傷）」。你因為記憶中的情傷而產生情緒，而不是這首歌本身讓你產生情緒，歌只是默默開了一槍。

為什麼有些情歌聽起來就是無感，那是因為歌曲本身並沒有讓你產生情感連結，它並沒有藉由歌曲的任何元素，讓你

聯想並且帶你回到某一個曾經發生過的，情緒強烈的瞬間。

而最後，如果我們深呼吸夠久，練習夠多次，往後和另一半吵架時，或許也能有這樣的思考：「**我現在對他生氣或吃醋和當下沒有關係，一定是我的過去，或我跟他的曾經有哪個問題沒有解開。**」這個想法或許能幫助你在準備要戰鬥、吵架、或崩潰前，提供一段有彈性的餘地。

就像我某任同居的女友曾喊著：「廁所垃圾桶沒有裝垃圾袋。」

聽到的當下，我便默默起身去完成這項任務，接著暗自不爽說：「我正在忙，你要我停下手邊的一切去處理這件事，我很不開心，我認為你自己也可以處理，為什麼非得我做？」但對方解釋：「我沒有這個意思，我只是想講這件事而已，並沒有要命令你做任何事。」

她的原話確實沒有任何命令句，是我自己奴性太強，默默去處理這件事。過了一天，我冷靜想想，可能是我的原生家庭爸媽對於家務的要求比較高，只要家中某處出現清潔需要改善的狀況，而那個狀況在我的責任歸屬內，例如浴

室洗完澡沒收乾淨，被喊到名字的當下就必須立刻停下手邊所有事，移動到該地進行補救，是我年幼時非常不喜歡的狀況。而這就是我的情感投射和自己該練習的功課。

後來我們聊開了這件事，對方也理解我的不安，**我們承諾彼此日後要把話說得更精準、清楚，而我也該確認對方，是不是真的有需要請我去幫她完成某些事情**。

儘管這個轉念法並不是每次都成功，但這種把情緒與事件分開的練習法，的確協助我釐清了生活中不少未知而莫名的情緒。

這篇講的比較多是憤怒，但套用在悲傷或不信任感上，也是相同的作法。只要持續練習與釐清，相信總有一刻，我們會遇到願意承接自己感受的人。

**但首先，我們要先成為第一個，
可以認識、釐清並承接自己感受的人。**

| Play list |
陳奕迅 -Baby Song

你願不願意，
成為第一個不孤單的人？

若自己總是預設了他人會不理解，
又怎會出現一個能夠完整接納我們情緒的人呢？

我想分享一段，對我而言非常私密的旅程。這段話我並沒有在任何社群上提過，甚至連身邊很多朋友都沒有聽過。「你願不願意成為第一個不孤單的人？」是這本書最原始的書名，這是我在某一次深層諮商後，寫在筆記本上的話。當時我不知道這個概念會發展成這本書。

這句話看起來像在對別人說話，有一種號召大家而帶頭改變的態勢。實際上並不是，這其實是我的諮商師在漫長的兩日又九小時後，對我說的最後一句話，是我們的結論，也是我心裡深處的課題。這句話是希望能幫助你轉念，讓你發覺自己其實一點都不孤單。

那次的諮商過程很有趣。開始前，諮商師希望我先寫下自己最在意的三個事項，可以是工作的、個人的、情緒的，任何事。猜猜我第一個寫下了什麼？不是想談戀愛，也不是想賺更多錢，而是下面這句話：

「我擔心別人聽不懂我在講什麼。」

這對於我的職業和形象來說，是一件很弔詭、很奇怪的事情。我是 YouTuber，每天都對著鏡頭說話，怎麼會擔心別人聽不懂我在講什麼？我不是每天都在影片中「表述」我的意見嗎？難道說了那麼多的話都是假的？從小我就是同學與老師眼中能言善道的人。為了好好解釋這樣的概念，我想稍微花些篇幅解釋我平時拍影片的過程。

拍影片前，我會定好的題目與大綱如下：

主題：男人在分手前都在想什麼？
重點一：男人如何興起想分手的念頭？
重點二：男人想要分手會直接分還是會觀察？
重點三：男人分手的原因是真的嗎？

若是很有自信的題目，我只需要上面四行字，就可以拍攝出一支十分鐘的影片。對很多人來說，這符合大眾定義的「很會講話」、「懂得延伸」、「擅長表達自己」。我可以解釋得很詳細，但這是因為我害怕別人沒辦法聽懂我想表達的是什麼。所以我會花很多腦力和時間，轉譯腦中的想法。

好比形容一幅畫，我心裡想的是：「這幅畫會讓我感受到溫暖，這是掙扎過後的溫暖，不是直接明確的那種，卻藏在第一層外表下默默地散發著微光。」但因為擔心別人認為我是迂迴複雜的怪異男子，最後我可能會說：「這幅畫有種隱藏的溫暖，像是被毛巾包覆著的燈火。」沒有哪種說法比較完美或對錯，也許兩種都算美，也都能讓人感受到畫的魅力，但對我而言，不斷地轉譯，有很長一段時間讓我感到痛苦。

我害怕別人不能理解我的經驗，但是我想分享。
我害怕別人聽不懂我想表達的看法，
所以花了很多力氣跟時間去反覆敘述。
我害怕聽的人不夠多，所以我不斷刪減、調整、包裝，
在內心話與譁眾取寵之間，找到能妥協的平衡。

這不是每個把說話當工作，或藝術創作者都在面對的事嗎？有什麼值得說嘴的？但深究議題的源頭，會發現我極其矛盾。

想被了解而創作→擔心別人聽不懂→為了保護自己而不複雜化→沒有完整的被了解而感到沮喪→試著做更多的創作

這是個令人沮喪的無限迴圈，同時也是我的創作動力。
但我以為的「保護」真的是如此嗎？
諮商師說：「你是不相信別人聽得懂。」
因為在最一開始，就預設了別人沒辦法了解自己的情緒、想法、苦難與故事，所以替自己建立了一層防護罩。習慣了之後，甚至連嘗試都不願意：「我已經預設沒有人聽得懂我說的話。」「我的情緒和視角沒辦法完整地表達。」「我這麼努力要讓你們聽懂我說的話，為什麼你們還是不能理解我？」自己找了完美的藉口，理所當然拒絕再次表達內心的情感，最後讓自己習慣於被所有人拒絕。

於是乎，孤單，成為了活在地球上最好的防護罩。
因為我們認定了自己孤單，所以被傷害或當誰離開時，可以不那麼痛。

因為我們認定了自己孤單，所以被誤會或不被理解時，可以裝得灑脫。

「反正我就是孤單的人啊，每個人都是孤單的。」

然而，我們卻忽略了，有多少次，都用孤單當擋箭牌，卻已經沒有再給誰機會。也忘了我們是「習慣選擇性的在和他人溝通」，接著再「責難別人無法理解我們的全部」。但從一開始，我們提供的就是篩選過的資訊，就像你從某個時刻之後，只敢做禮貌性且帶有隔閡的擁抱。早就忘了所謂擁抱，是完完整整把自己的身軀交付給別人，誰在區分什麼禮貌？設定這些的，從來都是我們自己。

我不是要鼓吹大家一定要有同理心，認定每個人都是你的朋友，應該對所有人掏心掏肺分享你所有故事的黑暗面。**只是想鼓勵你，重拾把自己的故事與情緒說完的勇氣。**
當下一次我們真的遇到一個頻率對的人，也許我們能試著把故事說完整。不是為了要博取誰的信任，把自己的前任十八代都講完，而是當你在分享的時候，能夠準確地把訊息和感受傳遞給這個世界。

怨恨別人聽不懂，自己卻從不把話說完；認為自己孤單，卻從不接受另一個人的擁抱。

若我們不能相信世界上真的存在著愛，那我們又該如何付出愛？又該怎麼談戀愛？

總不可能只有你有「愛」，別人都沒有吧？

如果每個人都自認孤單，那麼地球上只會有越來越多孤單的人。這件事很難，但我由衷希望透過這篇文章，能多鼓勵另一個人，在覺得安全、舒適的時候，試著多打開自己的心房一點。像這本書一樣，多聊聊自己的經歷和故事，不為了什麼，只是希望聆聽的那個人，也許有機會想通些什麼、了解些什麼，進而變得更快樂一點、更不孤單。

如同每當我看到有人因為我的影片或文字而改變，都會感受到無比快樂和幸福，因為我知道我的快樂是真的，而這個能力也可以幫別人快樂。

也許無法改變太多，但希望能說服你一點點。

請問：「你願不願意成為，第一個不孤單的人？」

| Play list |

葉穎 - 吹眠

輯二 曖昧與混亂，糾纏不清的你們

愛與被愛，
到底該如何選擇？

喜歡誰是自己的選擇，只要確定你喜歡他就夠了

問個經典的假設性問題：你正同時與兩位對象曖昧中，稱他們為 A 男與 B 男。你對 A 男更有好感，但相處起來關係較為平等，兩人之間並沒有其中一方對另一方的喜歡更多；但 B 男很明顯非常喜歡你，願意為你付出更多，你會如何選擇？

三、二、一，請選擇。

選擇 A 或 B，其實都沒有對錯。有人喜歡愛人多一點，有人喜歡被愛更多，這樣才能讓自己感受到「被愛著」。但若是讓我回答，我會毫不猶豫地選擇：「我對對方更有好感的那一個。」對我而言，誰喜歡我更多一些？從來就與

我無關，並不會因此影響我對她的喜好程度。舉個極端一點的例子，這三隻寵物裡面你最喜歡第一隻，沒有別的原因，只因為牠最黏你、愛你最多。

好吧，也許寵物真的可以這樣形容，但換成是對象呢？

你喜歡他的因素，可能是因為人品、行為、三觀與你相符合，形成所謂的「喜好加分」。而這些分數，最後構築起來超過某個界線，再加上一些心動，就會轉化成喜歡。但因為「他很喜歡我，所以我選擇跟他在一起」，難道你只喜歡他迷戀你的樣子？

就像有人問你：「為什麼喜歡吃這間餐廳？」
你回答：「因為它便宜、離家近。」

你可以因為方便、便宜而喜歡一間餐廳，但因為簡單、好入手去選擇一個戀愛對象，光用想的，就讓人覺得不對勁。戀愛的對象更該像是個專櫃裡的奢侈品、男孩夢想中的跑車。這種事不該考慮 CP 值，而是一種對理想的追求。設定好目標，制定你的儲蓄和賺錢計畫，經過一段時間的努力和自律，最終入手了夢寐以求的奢侈品。挑選對象本該如此。

許多人會選擇愛你更多的對象，是出自於安全感，雙方在一開始就不對等，所以自己有更多可以任性或犯錯的空間。 就像是老闆好說話，談起戀愛有更多討價還價的空間，像是剛開始就比別人多了好幾條命的遊戲，開局輕鬆又無壓力。我們確實可以出於各種原因去選擇喜歡自己更多的人，這當然是一個很好的附加條件，但千萬別把這當成選擇交往對象時的主項目。**談戀愛，是要找到「值得你付出愛的人」，而不是「最大的優點是很愛我」的一個人。** 通常這個角色已經有了，正是你的父母或家中的寵物。

對我而言，喜歡誰是我的選擇，只要確定我喜歡他就夠了。

也許你會認為，我喜歡他，他又不一定喜歡我，為什麼不能選擇喜歡我的在一起就好？我的想法和前述一樣，你可以在努力嘗試之後，因為相處不來，對方真的不喜歡你而放棄你很喜歡的對象。但千萬別在剛開始，連試都沒試、告白都沒說過，就因為「我覺得我追不到他」而放棄追求這個人的機會。

> **你只是選擇了安全的感情，**
> **而不是心中真正期待的戀愛。**

而所謂安全感，會在這樣的關係中扮演兩種角色。

一是因為對方喜歡我更多，所以我擁有足夠好感可以揮霍；二是害怕被拒絕，而待在自己的舒適圈裡，先預設了被拒絕，再享受逃避被拒絕的滿足感。兩種都是選擇了讓你「安心」的作法和對象，而不是「談戀愛」的對象。

其實，你永遠不需糾結對方喜不喜歡你；喜不喜歡你是他的事，你只要決定自己是否真的喜歡對方，被他吸引著。否則未來的日子有多難想像？結婚後，他看著你的眼中依舊滿滿是愛，但你看著他卻找不到任何一處能吸引你目光，唯一欣賞的，只有他對你崇拜的眼神。

他很愛我，不能成為其中一條選擇對象的重點。
要相信，你本來就值得好好被愛。

| Play list |
方大同 - 紅豆

曖昧與混亂，
是糾纏不清的你和他。

**偶爾會在曖昧中迷失方向，
既然身在其中，不如好好享受當下**

你曾想過曖昧的本質是什麼嗎？若要定義曖昧，我認為是兩人之間模糊不清的關係，你搞不懂他對你有沒有興趣，不知道每一句話該說到哪裡才好。甚至，你是不是他唯一的對象也不太清楚。像是持續大霧的天氣裡，你是一艘尋找停泊港口的船隻，好像隱約看到前方有光，但不確定實際上有沒有。

曖昧，可以被理解成是一種好玩，一種互相摸索和試探的過程。

有一個理論，談戀愛的過程就是不斷的踰矩，跨越界線可以讓人腎上腺素飆升，獲得一段時間的歡愉。也可以理解

成是種回報，因為你的投入有了成果，就像玩遊戲升等、打 LOL 晉升排位一樣。從一開始的彼此陌生，到後來成功加 Line，接著是一群人約出去玩，最後再進階到一對一單獨去看夜景。不管是心理或物理界線的突破，這些「升級」，都可視為前面提到「踰矩」的一種。

曖昧最好玩的，就是猜我跟你現在進入什麼階段？你認為我應該站在門口，但我偏偏就去敲你的門，看看你會不會出來回應。今天應了門，過三天再看看你會不會讓我進去；就算是在咖啡廳一下午也能變成線索，比方說他是否會幫你多倒一杯水，是否願意分你一小塊蛋糕，都是曖昧期的一種觀察。

而這個理論，其實也能解釋所謂「曖昧是有保存期限」的。原因很簡單，男生有時比較直觀，如果兩人的進展持續停擺在某個階段，沒有「通往下一個階段的鑰匙或跡象」，那麼男生會選擇不挑戰這個關卡，擇區再戰，這是常有的事。像是雙方約會時的距離遠近，或者對方是否會和他分享一些比較私密的話題都是線索。要讓男方知道妳對他的心意，妳願意讓他再更靠近一點點，這對男生來說是非常重要的。

在適當的時機，撒下適當的魚餌給魚兒，這就是身為釣魚者該掌握的藝術。

但話說回來，有時會聽到朋友們抱怨：「曖昧很煩，我都搞不清楚他在想什麼？」雖然也替他們著急，但我的心裡卻忍不住嘀咕著：「曖昧，原本就搞不懂對方在想什麼啊！」；要搞懂，只有一個方法，告白或被告白。兩個人在一起或彼此離開，下次再來。不就是如此嗎？

偶爾我們會在曖昧中迷失方向，弄錯了曖昧本身的意義。「曖昧」這兩個字，本身就伴隨著混亂與開始。

曖昧的混亂與摸索令人苦惱，
同時也讓人感到甜蜜。

所以，既然已經身在遊戲中，就享受過遊戲帶來的好處（總不會還沒感受到曖昧的樂趣，就直接覺得曖昧很煩吧？），挖掘與感受更多曖昧帶給你的快樂與刺激，別再對隨之而來的副作用捶胸頓足。就像是上健身房運動，一定會肌肉痠痛、汗流浹背，但體態會漸漸改變，而你卻始終在抱怨：「流了好多汗，好煩！」這不是一件奇怪的事嗎？我們早

該在決定開始曖昧之前，就認知到會產生的風險。

當下一次想抱怨曖昧不明、反覆來回拉扯很煩人的時候，請告訴自己：「對，猜不透很煩，但這件事就是曖昧本身的樂趣。」

既然我們改變不了遊戲規則，
那麼不如轉個心態，好好的享受其中吧！

| Play list |
周湯豪 - 愛上你算我賤

我們要怎麼樣才算在一起？

愛情不能等價交換，
不是你付出了什麼，他就一定要愛你

聽起來既無聊又愚蠢的問題。在一起不就是在一起？一個人對另一個人告白，對方答應之後就是在一起。又不是結婚，不用簽證書、不用換身分證，兩個人說好就好。為什麼有人會弄錯呢？如果每個人都很清楚「在一起」的定義，我想這世界上的悲傷會少很多，暈船仔更會大幅減少。

「我們要怎麼樣才算在一起？」這個問題隨著年紀的遞增或遞減，會產生不同的答案。念書的時候，可能牽著手就算在一起了。再無奈一點，男生只要和女生走比較近，自己都不用告白，班上的傳言就自動將你們湊成一對。畢業多年，在不在一起這件事，隨著長大之後變得越來越複雜，越來越混濁。

長大後的日子，身體和身體之間的界限漸漸變薄，心和心的距離卻呈現反作用力被拉開。

看多了派對上的擁抱和親吻，也習慣聽到誰又在交友軟體上滑到了他覺得可以拿來說嘴的對象。而看看自己身邊的伴，什麼都做過了，卻沒打算在一起。什麼都做了，究竟算不算在一起？

固定吃飯約會，不一定算在一起。
牽了手，不一定算在一起。
親吻過，不一定算在一起。
上過床，就更肯定不一定算在一起了。

現在要找一個在結婚前不和任何對象有過肌膚之親的人，真的很難，我還真不相信有這種人存在。這些舉動可能出自於心動、衝動或者性衝動，怎樣都好，反正做過就是做過了，一個願打一個願挨，沒有對錯，只有彼此甘願、樂於享受，只要清楚知道自己在做什麼就好。**但若試圖用某些肢體行為，去索討、去交換、去對價某種「承諾的形式」，真的會變成交往前最慘烈、最難以處理的狀況。**

我以為他親了我，就是喜歡我。

我以為我們固定睡在一起，就有機會。

我以為他是我的砲友，但有送我生日禮物我就可以轉正。

這些「我以為」，終究都只是我以為。靜下心來好好想想，哪一場曾經好好談過的戀愛，是從對價關係開始的？「**因為我幫他做了什麼，所以以為他會愛我？**」若愛情可以對價，**那只會形成一種交換。**在交換之時，雙方心中必定都有價碼，而你會希望自己付出的愛、和他付出的愛，用價碼來

衡量嗎？如果是，那麼我比較建議你找一位保母或是管家，這才是真正的對價，支付他一個月薪水，他幫你打理三餐。這是交易，不是戀愛。

人很奇怪，身為旁觀者的時候腦袋都特別清楚，但陷入其中時就會腦充血，又一次把激情與愛情混在一起。

我們要怎麼樣才算在一起？在一起，是對彼此的某種承諾與付出，你們開始共同承擔屬於「伴侶」的責任義務。對方生病了，你自然會關心他，陪他聊工作、聊生活，聊聊家人與家庭責任，陪他探索彼此的身體等。更進一步，你們願意分享彼此的朋友、工作、生活與人生，這才是在一起。

「在一起」，就是將兩個人看作一個人，你的生活可以是 1，也可以是 2。

釐清想法，也認知到其中的差別，是當你感受到心的行為，而不單純只是身體上的接觸。那些牽手、擁抱、上床、吃飯，在到了某個歲數之後，已經都不再算回事。**眼前的這個人，願意花時間好好跟你坐下來談以後、談未來，才是此刻對我而言，真正的在一起。**

最後，想和大家分享十條「真正在一起的跡象」。

1. 釐清對你不是短暫心動，而是願意和你安定。
2. 願意假日哪裡都不去，和你待在沙發上一起追劇。
3. 他會在最好的朋友面前，牽起你的手。
4. 他會開心的在爸媽面前，聊起你們開心的事。
5. 當你說不餓的時候，這個人還是會默默幫你多點一份蛋餅。
6. 帶你認識新朋友的時候，他的第一句話是：「這是我女朋友」。
7. 當你什麼都失去了，他願意陪你再來一次。
8. 平時罵你笨，但在別人面前比誰都護著你。
9. 他會在你身邊睡著，不知不覺睡到流口水。
10. 看著他，你會想到以後。

| Play list |
Anton Lebedev-Peragon

原來，
渣男除了渣之外其他都是好的。

渣男若要產生影響力，
也必須先由你主動投射出好感才有可能

討論什麼樣的人算「渣男」，一直是網路上有流量且有趣的問題。某次，我和一位女性 YouTuber 在拍影片時，她突然語出驚人講了一句讓我受用無窮的話：「渣男除了渣以外，其他都是好的。」；仔細想想，確實如此。當渣男並沒有那麼容易，如果條件不好，想渣還不一定渣得起來。

「渣男、渣女」這個詞彙，如果讓我來解釋，應該在最前面加上一項定義：「這個人的魅力指數對我來說，達到某個界線以上，讓我可以不顧他某些道德上的缺點，想持續和他聯絡。」

所以重點沒有其他，是這個人對你特別有吸引力。無論在人格上或外貌上來說，皆是如此。要對你渣的先決條件，就是具有足夠的魅力，否則想渣都有困難。當然，這裡指的是跟你有互動的渣男，廣義上替朋友罵的渣男、渣女不在討論範圍內。

渣男要能夠產生影響力，實際上並非單向的，而是雙方都必須有互動，一個巴掌不會拍響這一切。真正讓你覺得他渣的關鍵，是你對他開始產生了欣賞、被吸引，直到試圖靠近他或者已經太靠近之後，突然發現對方可能有另一半，或同時多線進行等。進而讓你對他美好的想像產生幻滅與崩壞，才會構成「渣」這件事。否則你與他也只是在地球上擦肩而過的彼此，產生不了什麼交互作用。

大約是在聽到這句至理名言的同時，我在網路上看到了一篇：「渣男分數評量表」。這邊簡單列出十一條，讓大家做個初步判斷：

1. 在自己的朋友圈裡講話有分量，算是領導者。
2. 雖然不是最帥的那種，但會經常被稱讚打扮有型。
3. 超過三十五歲，總是跟身邊的人說想要定下來。

4.個性很好，很多異性朋友，大家常叫他暖男。

5.有一份體面的工作，不愁吃穿。

6.對女生有很多貼心的舉動，是一般男生不會做的。

7.會樂器、寫作、攝影，擁有藝術類的才華。

8.被周遭的朋友們說「很懂得生活」。

9.不會高調炫富，但會透過某些小地方讓你知道他的收入不錯。

10.大多數情況下應對得宜，但他會讓你知道他的交友門檻在哪。

11.宣稱自己偶爾需要自己的空間，不會隨傳隨到。

原始的測驗洋洋灑灑列了三十幾條，我認真一項一項做完之後，發現自己原來是個頂級渣男。但後來轉念想想，這份測驗真正在評量的，應該是你有沒有「足夠本錢」去當一個渣男。從測驗題目本身看來，這個人必須有一定的經濟實力、在社會與朋友圈裡擁有話語權與影響力、懂得如何與女性應對進退、擁有和藝術與審美相關的才華或品味等。若是這樣思考，符合這些條件的男性，不但條件優質、又懂得做人；帥，也不是外放的帥，是低調的帥，能不列入守備範圍內嗎？

我們不該因為對方條件好，就硬是要替他扣上渣的標籤，不論男女都是如此。更別提前面說過的，要對你渣，必須先由你主動投射好感給對方才有可能。

近期還有一句話我很喜歡——「善良是一種選擇。」**條件好，不代表這個人在每一段關係裡，都可能會成為渣男。**任何對象，當他願意做出單一的選擇與承諾，是他放棄了其他可能性，決定與你安定下來。

所以當我在朋友圈子或網路上，看到一個人條件好、朋友多，聽到有人以先入為主的觀念罵道：「啊，他看起來就是渣男，一定很亂。」我都是微笑帶過。

真要反擊，我會站起來大聲說：
「對啊，要渣還要有本錢，你渣得起來嗎？」
渣這個詞彙，在資訊傳遞快速的時代，
已逐漸轉換成「見不得別人條件比自己好」，
甚至眼紅市場競爭太激烈，而氾濫使用的抹黑貶義詞吧？

Play list
DPR IAN-Blueberries

寧願讓人回味，
也不要令人乏味。

永遠留給曖昧對象另一個下一次，探究你的期待

彷若被神允許的「撒旦」，這隻病毒開始做工。它祕密地複製她的信，傳送至通訊錄裡的每一個郵件地址。

一隻病毒往返於網際網路，穿梭於各個社群，最後終於進入她的電腦。第三天，她回信給他。一如往常，她的信以「親愛的」起頭。

從家人、朋友、同學、同事、多年不見的前男友們，或是曾經在床上睡了一晚就再也沒有見過的一個地址，「撒旦」就這樣無差別的將女人的私密日記，轉寄給每個存在於女人通訊錄裡的地址。「撒旦」在某種意義上，其實跟上帝一樣善良，他們對每個人都是公平的。上帝平等的救贖每

一個人；撒旦平等的毀掉每一個人。

這個女人，在地球上的存在原先就不帶有善意。

紅色指甲油配上紅色的高跟鞋，上禮拜剛跟一個男人從日本買回來的 Prada 洋裝，又再一次的，跟自己不知道什麼時候被脫下、亂丟的黑色胸罩一起，掛在另一位不知名男人家中的高級床頭音響上。

女人說：「又來了。」
女人輕輕揉著自己微微發疼的太陽穴。
女人依舊在男人還沒睡醒之前，離開了那個她永遠不會熟悉的房子。
最多不超過 12 個小時，女人替自己訂下的規則：「寧願讓人回味，也不要令人乏味。」
「我是留不住，又沒穿鞋的灰姑娘。」女人說道。
她在網路上化名為灰姑娘，每當自己又睡了一個男人之後，便會在自己隱密的 Twitter 上發表前一晚的剽悍戰功，彷彿是要成為這個時代的女權鬥士。
女人在女人們的簇擁之下，漸漸成為占據一席之地的女性意見領袖。

女人不是從來都沒有愛過別人，十年前，當她還是女孩的時候，曾經深深愛過一個男孩。那個男孩留著一圈看起來像是從來不曾修剪過的鬍鬚，開口的第一句話，就讓不愛笑的女孩笑了：「我叫耶穌。」男孩說。

她流浪於夜晚，穿梭於不同的雙人床，從來不曾進入誰的心裡。一如往常，她開口了，對另一個男人以「親愛的」為始，漫無目的的閒聊著。

「女人只是另一個再也找不到自己上帝的女孩。」女人這麼說。

✦ ✦ ✦ ✦ ✦

這是我幾年前寫的短篇創作，偶爾翻到讀一讀，還是蠻喜歡的，於是就收錄在書中。

討論「回味」和「乏味」是個有趣的議題。通常我們會以食物或調酒，來討論這兩者間的區隔。若你在餐酒館點了一杯桑格莉亞（紅酒水果調酒），喝起來死甜又無聊，跟自己在家找朋友來開派對做的差不多，一喝就知道是用冷

凍水果跟量販店紅酒泡的，店家加了過多的糖想掩蓋酒體本身不夠出色，就會被形容為「乏味、無聊」，因為它並沒有讓你感到驚喜。

而「乏味」這個詞彙，用在感情狀況上，最常見於曖昧初期。**其中一方明顯出現暈船跡象，導致施力過猛。**

> **就像調酒裡面加入太多的糖，**
> **是因為想要極力討好，反而導致全盤皆輸，**
> **得不償失或者人財兩失。**

「回味」則更加深奧，一杯調酒的酒精濃度適中，讓你有一點酒感但又不會太過明顯。飲用的過程中，感到好喝且盡興，但喝完後似乎又有點不過癮。舌尖還殘留著甘甜的滋味，明明酒杯早已見底，卻還在回想這杯桑格莉亞到底是多加了什麼神祕配方？讓你在熟悉中卻又感受到些許陌生？

當你鼓起勇氣和調酒師搭話，他卻只默默說了一句：「想知道？再點一杯啊，看你喝不喝得出來。」沒有人可以阻擋

得了這種挑釁，當然是毫不猶豫再點一杯，哪怕時間再晚。

曖昧的拉扯也應該是如此。在最精采的時候放慢腳步，對方最想聽你說話的時候，就把語速放慢。最珍貴的祕密，始終只留給自己，無論如何打死不說。永遠留給曖昧對象另一個下一次，另一個還能探究你的空間與期待。

別說是我教你的，當個沒有名字的撒旦。

flash fiction
被神允許的「撒旦」

誠實不難，
但說謊對你來說比較簡單。

你絕對有選擇不誠實的權利，
但面對自己請試著別逃避

乍看之下，像是一句寫給渣男的話，但實際上我想說的倒不是這件事。

誠實這個詞彙，有另一個替代說法，叫做「坦承」。當身處在一段關係裡時，我們都在反覆的學習：「實話該說到哪裡比較好？到底對眼前的這個人坦承到什麼程度是最恰當的？而又有哪些話，哪怕關係再好都寧可不說？」

最基本的，當在曖昧的時候被問起：「欸？那你交過幾個女朋友啊？」究竟該不該和對方從實招來，鉅細靡遺的說完所有故事？若早十年問我，我絕對建議你：「當然要講啊！你們要在一起耶？有什麼不能講的？」但隨著日子久

了，年紀增長，**有些事情也不是不能說，只是說了好像不會對這段關係有所幫助，倒不如不講**。要解釋自己有如《權力遊戲》般複雜交錯的人際關係網，我好友的前女友變成另一位朋友的老婆，所以他們不會一起出現在下個禮拜的聚會。

與其說錯話，倒不如學著在適當的時候沉默，有些事越解釋越容易出錯。

關於這類人際關係的狀況倒也還好，最怕的是自己真有些難以啟齒的過去，不確定該不該告訴對方。可能是自己曾經出軌過、在某一段關係裡對不起誰，或是曾經讓某一任對象懷孕但最後卻沒有結婚等。這些以往發生在自己身上的事實，該透露到哪，有時真的沒這麼好掌握。

第一個問題是：「對處在曖昧關係中的他，應該誠實到哪個程度？」

曖昧的初期當然不需要這麼坦誠，透露過多的訊息。就像前一篇文中提到的調酒師，很努力調出來的那杯「令人乏味的酒」。明明只想要一個輕鬆的約會夜晚，並沒有想徹

底了解你的人生。剛認識沒幾天，隔天睡醒、打開手機，如果看到：「其實我想跟你說，我曾經在某一段感情中劈腿了好幾次……我覺得自己很不好，非常不好……」可能會嚇跑眼前的對象。

那麼，最理想的方式是什麼？如果可以讓對方順著主線任務劇情推進，適當透露訊息，就像漫畫或遊戲中的主角，在進展到下一章節的故事之前，先獲得部分線索，得以一窺故事的全貌，我想會是較為適當的解決方案。

評估進展、評估對彼此的信任、
評估對方的心臟，都需要強大的心臟與智慧。

接下來，第二個問題是：「究竟你的不坦承，是對自己不坦承還是對對方不坦承？」

我完全認同愛另一個人的時候，理所當然該與對方開誠布公所有事情。但這個誠實，除了向對方誠實之外，其實也包含著另一個同樣需要誠實以對的對象——你自己。

究竟你的不坦承是對自己不坦承？還是對另一方不坦承？關於那些我們沒說出口的事，原因到底是什麼？是不想面對說了實話之後，可能發生的爭吵壓力？或是你確切知道，說了並不會對彼此比較好，所以選擇不講。兩者之間存在著一定的差異。

逃避並不可恥，不過這裡的逃避倒像是看到了傷口不去擦藥，而且是放著不會自己復原的那種。如果只是自己的傷口也就罷了，但如果是對方的呢？對方該怎麼辦，解藥在你手上，這樣真的好嗎？

可能是，可能不是，我也還沒找到答案。

對自己誠實一點都不難。有時候活得久了，不可避免出現一些藉由善意的欺騙才能活下去的狀況，有些暗自背負在身上的殘忍事實，隨著日子過去，好像就真的淡忘了。但遺忘，並不代表從來沒發生過。那些曾經受過的傷、你傷過的人、彼此心裡的疤痕，就算真的已經幻化成身體的一部分，但它也依舊存在著。不痛，不一定代表痊癒。

我們當然可以把話留在最正確的時機說，只是當你在選擇誠實的同時，記得反覆提醒自己，是選擇性的不說？還是不敢說？還是不敢對自己說？這些傷痛與難堪是真的好了，還是假裝沒有看見。

你絕對可以說謊，但面對自己，請務必試著誠實。

/ Play list /

林宥嘉 - 說謊

如果可以，
你能當我的浮木嗎？

所謂的浮木，只有在溺水的時候才需要

「浮木」這個詞彙，是我從一次好痛、好痛的感情裡學到的。通常會讓我記得那麼深刻、恨這麼久的，大多是最後沒有在一起。

「浮木」聽起來優美浪漫，代表著那個她其實處在一個快要溺水的狀態。若你身為浮木，扮演著救世主的角色，你隨意漂流，從上游漂落，因為各種因緣巧合，流到這個快要溺斃的人面前。浮木沒得選擇，也沒有移動的權力，她只能努力地攀爬到你的身軀之上，或許賴著不走，或許稍作休息。

有那麼一段時間，浮木也享受著這樣的時光，被好好的依

賴著，身軀緊貼著身軀，分享彼此間的溫度。

女孩 C 說：「談戀愛不就是追求這樣的浪漫嗎？」。
不久後她又說：「我喜歡你，你很好，但是我沒有辦法跟你在一起。」

有好長一段時間，我都不太清楚這句話是什麼意思？為什麼你喜歡我，卻不能跟我在一起？我不就是你心中「很好」的人嗎？直到多年後，才終於懂得，**所謂的浮木，只有在她溺水時才顯得有價值。一旦她上岸了，安全了，岸上有偌大的世界等著她去探索。**不論是神木還是檜木，誰會沒事浸在水裡抱著一塊漂流木？

是的，她喜歡你，她沒有說謊。

但她沒說的是，她只有在最不好的時候才會想到你，才能喜歡你。

你像是過期的止痛藥、像是已經不喜歡的實體專輯、像是埋在抽屜最深處，那支不好寫但始終沒丟掉的筆。我就這麼把你放著，我知道你不好，你也並非是我最好的選擇。

但總會有那麼幾個需要你的時候，等到那一刻，我便拿出來擋一擋，等我找到新的，再把你放回去。這就是 C 所謂的浮木吧？換個不浪漫的說法，接近備胎。而且是順位最後面的那種備胎。

這是我後來理解的浮木：和浮木談戀愛，並不是一種健康的狀態。抱著浮木的她，只是需要有一個人支撐著而已，讓她可以繼續活下去。所謂的小三轉正宮、備胎轉輪胎、砲友變情人，可能都是類似的狀態。很多時候我們不小心誤判，以為對方是健康狀態，殊不知其實是殘血狀態，好撐歹撐的活著，吸取你身上的各種溫暖，而她本身並沒有能夠給予愛的能力。

也許每個人在某些時刻，都有過這樣的狀態吧？或許是生活狀況不好，前一段感情出了些問題？除了擺爛，更想找個人陪著自己，證明自己還有殘缺的魅力價值，讓自己活著沒那麼不堪。那些曾經短暫在一起或沒在一起的對象，不就是自己也需要浮木的一種狀態嗎？想到這裡，對 C 好像也有點釋懷了。**人生就是互相欠債，你欠我的，可能默默轉移到另一個人身上還掉**。你和我在食物鏈之間，你愛我、我愛你，最後都有另一個大魔王出現將我們給收服。

過去來不及檢討，從前的我們尚未開竅。至少能學著，下一次，**若不小心出現那個認真戀愛的自己，別再說出那麼不負責任的話了。沒有人活該是另外一個人的浮木，浮木也會沉。**

要投入一段感情之前，請記得提醒自己，對方必須處在身心平衡的狀態下，那樣對雙方而言才會是最好的。否則在這場戀愛中的你，除了當他的浮木，更像是在照顧一隻寵物。對於寵物的愛溺，雖然也是付出愛的一種，但如果是這樣的狀況，請務必在心中設定好該有的底線，你不會奢求寵物能完全聽懂你的話；也不該反過來，要求寵物照顧你的生活起居，甚至想要寵物反過來滿足你渴望得到的陪伴。

「如果可以，我能不能不當妳的浮木？我想和妳談戀愛。」
如果再給我一次機會，我想我會鼓起勇氣這樣說。

可能 C 也不曾想過吧？誰會意識到自己是快要溺斃的人，
什麼都抓？

我們都曾在關係裡迷惘過，不知道該往哪裡去。
記得善良，並提醒自己下水之前先學會游泳才是踏實的。

如果你不會游泳又溺水了，關我屁事。

/ Play list /
周杰倫 - 半島鐵盒

拿掉你的人形立牌，
別那麼用力約會好嗎？

真正的愛，是一個人喜歡另一個人真實的樣貌

在無數的戀愛影片與心靈雞湯，甚至包含我本人談及戀愛議題時，好像所有的問題都能用某個萬用解來回答，也就是——「做自己」、「愛自己」。

雖然已極力避免把這個概念當成萬靈藥，在書中寫下我的各種想法，就是為了提供更多不同面向的線索，希望能為大家的一些戀愛問題解惑——無論是幫助自己或別人。書寫至此，終究還是要談，到底什麼是「做自己」？

光是談「做自己」這三個字，大概就能用盡好幾本書的篇幅，但我想用淺白的方式來分享。如果這麼多的文章、影片都反覆地強調「做自己」，卻明顯沒讓你聽進去，那麼

今天再讓我換個說法，用最簡單易懂又有畫面感的方式談談「做自己」。

你曾經看過人形立牌嗎？藥妝店、大賣場、唱片行或是房仲門市的門口等，他可能是某個當代最受歡迎的偶像，妝髮齊全，看起來青春活力又充滿魅力，向你展示他的專業與親切度。不管他手上拿的商品是保健食品、牙刷、馬桶刷，甚至是要賣房子給你，都一樣。凡是需要博你歡心，沒有不笑的。每次去大賣場看到人形立牌，對於大明星們笑容的展現都深感佩服，在僵硬與不僵硬之間，取得巧妙的平衡，我真的學不來。

這些笑容的展現，通常要經過長年累月的練習，看著鏡子一次又一次，直到找到你笑起來最好看的角度。對著手機前置鏡頭拍上萬張照片，知道自己適合什麼樣的光，下巴要抬高到哪個角度、舌尖頂住上顎、肚子吸氣不駝背，眼睛張開但不能太過用力。最後，再經過攝影師的巧妙修圖，才會呈現大家最終看到的完美人形立牌。

在遇見新對象，準備展開一段全新的曖昧關係時，我們不就正在將自己偽裝成人形立牌的樣子嗎？前幾次的見面或

約會，你是多麼盡力想要展現「最完美的你」，而不是「日常生活中最自在的你」。換上過於貼身的衣服、噴上平常不會噴的香水，刻意控制自己的談吐和放聲大笑，點了平常不會點的菜，只想讓對方對你的印象更好一點。不知道為什麼？我們總是對平時的自己缺了點自信。

有著想要討好對方的心態當然無可厚非，但討好必須適度。**否則對你或他而言，都會變成一種虛假。**

> **因為這並不是你，**
> **你只是試圖扮演「對方最喜歡的樣子」或者**
> **「最討人喜歡的自己」。**

我們必須清楚知道，當進入一段穩定的戀愛關係後，你會和這個人朝夕相處，在這樣的前提下，有辦法讓自己隨時以人形立牌的模版生活嗎？

確實，你可以極端的扭曲自己，獲得一場不適合的戀愛。但若要對方接受或喜歡最真實的你，請盡可能以最自然的方式與對方相處，不刻意迎合、不帶著諂媚。否則世界上能無條件接受真實的你的人，只有我們的父母。

也或許，愛裡面不該有著那麼多的預設。沒有人能用「你認為應該的方式」來愛你。真正的愛，是一個人喜歡另一個人真實的樣貌。

我曾看過太多悲劇，像是：「我以為他喜歡可愛的我，但最後發現他喜歡的是直率的人，我這麼努力想要當一個可愛的人，為什麼他看不見？」其實，對方從來沒要求你該變成什麼樣子，你只是「以為他想要你變成那個樣子」。

對方希望的愛、想要的愛，真的如你所預期的那樣嗎？或者，你只是在完成自己對於完美情人的想像？

看完這篇，當你迎接了下一場約會，或許能試著輕鬆一點，展現日常最自在的樣子。也許你會發現，這樣的你更具有魅力。

朋友都說：「你本人比照片還好看！」這是因為面對鏡頭時我們往往會僵住。現在一起練習把這樣的濾鏡拿掉，別再那麼用力約會了，好嗎？

最後也別忘了，被印成人形立牌的那張照片，是大明星被

攝影師拍過 3000 張照片後，精挑細選下才產生的奇蹟。

同樣的道理，也許我們在一場戀愛裡，**只要有某幾天、某幾刻，曾經達到過那個模樣就足夠。**
永遠都要保持完美，太累人了。

| Play list |

DEAN-instagram

停止你的已讀不回焦慮，
他只是比較忙。

所謂的已讀不回，可能只是你們習慣不同而已

這也是個在我不算短的 YouTuber 生涯裡，經常被問到的經典問題：「為什麼他不回我訊息？他是不是不喜歡我？」通常這個問題後面還會接著：「水瓶男是不是真的不喜歡回訊息。」在這裡，擺脫星座人格，單純以我身為一位直男的角度來回答這個問題。

首先，女性們的想法我不太清楚，但對於我而言，已讀不回這件事，在我心中的分量真的沒有這麼嚴重。

第一點，先定義：「回訊息的時間隔多久算合理？」
以我個人為例，如果不是有急迫性、需要即刻回覆，而我又需要多想想的話題，思考兩、三天對我來說相當正常。

有時會收到這樣的詢問：「我可以跟米鹿合作拍一支露營影片嗎？」此時，我第一個想到的是：「我有沒有空？我會不會熱死？跟你出去好玩嗎？我要準備什麼？感覺好麻煩？我可能今天想去，但明天或許就會反悔了。」基於上述各種原因，我沒有辦法馬上回答你。

你可能會說：「這是工作啊？不能相提並論。」但日常生活的吃飯或出遊邀約，對我也是相同的，朋友們也已習慣我這樣的模式，他們並不會逼我馬上做決定。因此，在我身上「三天以內有回訊息」都算合理。看到這邊，我想可能有人要抓狂了。我後來發現，會在 IG 私訊問我「已讀不回」這件事的讀者，通常都是在這一點和對象產生落差。

「喜歡我不就應該要隨時回我訊息嗎？」
「我可以接受五分鐘之內回我。」
「沒有回我也要至少傳一張貼圖吧。」

貼圖？為什麼我要回你貼圖？接著來到第二點。
第二點：「因為我不知道該回覆你什麼，所以我選擇已讀。」

我是個非常不喜歡回覆貼圖的人，甚至「嗯嗯」、「哈哈」、

「……」也從來不在我的回答選項裡。打了「哈哈」，後續一定會接著想說的話，極少出現打了「哈哈」就停止的狀況。也許對很多人來說，「嗯嗯」、「哈哈」是正常且適當的回覆，但這樣的留言在我看來是沒有任何意義的，也因此會選擇已讀──因為我還沒想好答案。而在我想到之前，就會是已讀的狀態。

第三點：「真的沒有為什麼，只是剛好在忙而已。」

一心多用、二用、三用，在我身上是隨時會出現的事。一邊聽音樂、一邊寫稿子，右手拿筷子，左手滑 IG。或許就是剛好某一刻想要滑手機時，點開了你的訊息，而下一秒我可能就去上通告、拍影片，再回過頭，工作結束後就忘了回覆。這對男生來說，真的並非什麼大不了的事情。可能搭捷運滑一滑手機，下一秒趕著出站就忘了；也可能午休時看看手機，突然收到工作訊息，好不容易處理完畢，鬆了一口氣，玩場手遊就忘記回覆。

至於要應對這種狀況，方法遠比想像中簡單，只需要傳一則訊息如下：「早上的訊息有看到嗎？你的意見很重要，記得回我喔！」

　　沒有回訊息，並不代表他不在乎你。

在談論在乎前，**更應該先認知到男生與女生的思考邏輯和專注力，原本就大不相同**。而大家的生活習慣與成長背景也各異，因此「回覆訊息的習慣不同」是再正常不過的事，如同吃飯習慣上的差別，有人喜歡吃燙青菜多沾點醬料，

有人喜歡喝湯加點醋。

經過了幾年的洗禮，我對自己已讀不回的習慣，也有所認知跟試圖改善。

現在遇到拿捏不定的邀約時，會好好地說：「我現在還不確定，過幾天再回覆可以嗎？如果我忘記沒回，再麻煩提醒我一下，謝謝！」同時表達自己的健忘，也提醒對方自己需要思考的時間；同樣的，在不確定該回覆什麼的情況下，我會說：「我沒辦法回應你什麼，但讀懂了你的感受。」漸漸開始理解，對方需要一個回應，就如同我需要時間與空間去思考回覆。試圖理解地球上各式各樣的人類與他們的溝通方式，是我們一輩子的功課，對吧？

試著理解、調整、相處，是邁向關係下一步最重要的因素。多給對方一些理解，有的時候答案很簡單，只是他的習慣跟你不一樣。

| Play list |
aqualina-april showers

你不需要用被喜歡，
來肯定自己值得被愛。

做自己喜歡的事情，發光發熱，就是最美的樣子

「談戀愛對我來說是一種需要，並不是想要。」

「就算有對象了，我還是喜歡讓別人追我，但我不會幹麼，我只是很喜歡那種感覺。」

「我沒有對不起男友，別人對我有好感我也沒辦法啊！」

「那妳真的喜歡他們嗎？」

「沒有，我只是喜歡被喜歡的感覺。」

朋友 B，是我認識的女生裡，年紀輕輕就功成名就的人。家裡背景很好，也經營了一間網拍店，靠著自己的眼光做得有聲有色，交友圈廣闊，不乏條件出色的對象。但她總是會偷偷跟我抱怨，覺得自己不夠好、覺得自己不快樂，尤其是在談戀愛這件事情上，她總是能突破我的觀念與想像。

平時我們會有一搭沒一搭地聊垃圾話，接著她就會突然傳一張新的男生照片給我。

「欸，你覺得這男生怎麼樣？幫我抽塔羅牌看一下。」

抽了一次、兩次、三次都沒什麼好結果，我開始發覺狀況不太對。一開始我只是當成練習，後來因為算太多次，忍不住鼓起勇氣問她：「妳是不是換對象換太快了？妳還好嗎？」

「哈哈哈，沒有啊，他們都不是我的對象，只是在追我的人。我的男友是這個（傳送照片）。」

當時，我想破頭都不知道該做出什麼回覆。該謝謝她的信任和我分享這一切，還是默默替她男友感到一絲哀愁？或是該立刻讚美她男友長得好看、氣質出眾？

往後的日子裡，我發現 B 這樣的行為其實並不算少見。

我甚至曾發文問過粉絲們，例如：「曖昧或交往中還能不能有新的對象？」、「有對象的時候，察覺被追是不是該主動拒絕？」等。獲得的答案不一，大概會分成兩派。一派表明若是認定了彼此的關係，承諾對方是自己的伴侶，當然就不能和其他的潛在對象保持聯絡；另一派則表示，

若有更好的對象出現，在合理範圍內，依然可以透露自己覺得對方還不錯，就算有男友但也還沒結婚啊？為什麼不能當成交朋友？

後來在某次的聚會結束後，我又再次和 B 開啟了這個話題。我觀察到，她在談論所有追求者時，最先提到的資訊往往是：他們的事業是什麼、收入是多少、開什麼車、會帶我去見什麼樣的朋友、參加怎樣的聚會、透過他可以認識哪些明星或網紅。

我說：「這些當然都很棒，但他們有比妳男朋友對妳更好嗎？」自從我說完這句話，B 的話就漸漸變少，眼神飄移，腦中好像在思考些什麼。

B 年幼時家中的生活其實過得很辛苦，小學及國中時也曾因為家裡的經濟狀況，被班上同學霸凌。所以 B 一直將收入、金錢、地位等看得比想像中重要，她打從心底不希望被別人看不起，也不想讓被當成一位只會賣弄身材的網拍店老闆娘。但她需要負擔家用，所以也不允許自己去做真正想做的事——當個 YouTuber。

目前的男友則是她前同事，雖然在公家機關上班、生活穩定，B 這幾年則因為創業順利，為了拓展人脈，會請朋友多帶自己去各式各樣的派對聚會，認識各行各業的人，並且去做醫美、微整形、學化妝、弄頭髮，好讓自己在活動上更受歡迎，但見識廣了以後，逐漸覺得自己和工作穩定的男友產生了距離。

在 B 的心底，其實一直無法肯定自己的價值，即使她一路已經足夠努力了。自己北上、獨立創業，親身研究如何從韓國找貨源。拍照、化妝、算帳，花了好幾年的時間擁有了穩定的經濟收入，卻沒辦法對自己的經歷感到認同、感到驕傲。始終認為自己賺得不夠多、打扮得還不夠美、活得不夠好。但其實能好好經營一間店，就已經是很大的成就了。

於是，B 需要從他人的身上尋找認同感。不論是社會地位、職位、工作、收入、好車，在 B 的眼裡，這些就是能讓她遠離小時候被欺負，不被班上同學喜歡的武器。她是如此懼怕著，**萬一某天身材或外貌走樣了，沒有這些人的追求，自己是不是就失去了價值**？

我們不需要透過別人的認同，
來確認自己的價值。

嘿，其實妳已經把自己活得很精采了。在我眼裡妳是個會照顧家人，也會照顧員工的好老闆。自己打理事業並不容易，做妳喜歡的事情，就是妳最發光、最美的樣子。

妳真的不需要用被喜歡，來肯定自己值得被喜歡，至少我喜歡。

/ Play list /

FKJ-Ylang Ylang

當這次的曖昧又結束時。

這次學乖了，知道此刻自己真正需要的是什麼，
就算條件都很好，在一起也不一定會快樂

聽聞之前曖昧的人有了新對象。在幾個朋友聊天的過程中，
平時不怎麼八卦的人卻突然講了這句話。就在距離你不遠
的地方，看著發言的朋友，那一瞬間，原來嘴巴比誰都利
的他，突然講不出話了。

　嗯，突然講不出話，代表有新對象的訊息是正確的。

「哇，恭喜耶，終於談戀愛了！」你故意用打鬧的語氣說，
心中一邊想確認你和他還是可以打鬧的。
「沒有啦，剛認識而已。」他笑笑的回答，一邊用手輕輕
槌了你幾下。

此刻的感受是極其複雜的，最接近的譬喻，可能是你在高級日式餐廳裡，享用在豐盛的晚餐後，餐廳最後一道端出來的甜點。吃下去後，口味微苦但又帶點甜，口感微妙獨特、層次豐富。你總覺得吃下去的，好像不只你剛剛看到的那個東西。就如同你此刻心裡的感覺，是替他開心？替自己難過？還是不知所措？你的腦袋像是突然遭逢危機的野生動物般，開始運轉。

還好我沒有告白。
還好我沒有行動。
還好我沒有誤會我和他之間的關係。
還好他剛剛還笑著跟我說話。
還好我們還是朋友。

剛剛腦子想的這些你都沒有說出口，你講的是「恭喜」。

其實在這些試圖保持冷靜，維持人際關係正常運作的話語前，你的第一個感受是盡可能處之泰然。
「很好啊，這麼好的人是該有人可以好好照顧他，他也單身夠久了。他是這麼的親切，這麼的溫柔，如此善待身邊所有的人。」

你也曾經想像過和他在一起的畫面，曾經覺得有些期待和興奮，幾個月前，甚至還跟身邊的朋友提過。

「欸，我最近遇到了一個還不錯的對象。」

突然想起，幾個月前自己曾經講過這樣的話。但此刻這句話聽起來，卻像是在嘲諷自己。

對，如果他是個不錯的對象，
為什麼我沒有告白？
為什麼我沒有行動？
為什麼我沒有主動跨越我和他之間的關係？
為什麼他還可以笑著跟我說話？
是不是他真的只把我當成朋友？

你開始意識到聽到消息的第一個念頭裡，那份處之泰然，裡頭包裹的其實是一種惆悵。好像放下了什麼，卻又好像失去了什麼。於是你忽然懂了。如果對方只是普通朋友，你所呈現的應該是毫無負擔的開心，是聽到朋友終於升官加薪，會替他歡呼的那一種開心。

但你聽到的那一刻，是開始重新省視與衡量彼此之間的互動與界線，應該重新定位到什麼位置。

我還能笑著跟他談話嗎？我還能繼續傳訊息給他嗎？他還會回我嗎？我還能找他看一場電影嗎？上個月約好要去吃的那家餐廳還會去嗎？

看著他，你往後退了一步。意會到眼前這個人端上的，那份厲害卻又難以形容的日式甜點，**其實就叫做「當我們的曖昧結束」的感覺。噢，不是吃下，而是被塞下，我忘了提醒你，你是被強制離場，用餐時間已到，對方宣布這頓飯吃完了，沒有 last order。**

但此刻你該慶幸的，是你往後退的一步裡，還是真心的祝福他、希望他過得好。你幫自己複習了一次他身上的優點，腦中不爭氣地閃過了好多個，曾經也以為只要和他待久一點，就會產生親吻與被親吻的時刻。

其實你知道，你們始終缺少了一點，也許他真的很好，但他並不是那個可以讓你奮不顧身、衝動去愛的人。**這次你很冷靜，是因為學乖了，你知道此刻自己真正需要的是什**

麼，你知道就算條件適合，在一起也不一定會快樂。所以你等待，所以你忍著，所以你沒說。

抱一抱自己，對自己說，至少這次你進退得宜，沒有誰傷了誰。

或許這樣的離場方式，也算是一種長大的證明。曖昧到最後，誰也沒說穿。**談戀愛已經過了喜歡就試的年紀，勇敢退一步，是為了把自己能更完整的交給下一個他。**

但，如果你後悔了也沒關係，下一次記得要勇敢一些。
我們都會有下一次的。

Play list
Alina Baraz-Alone With You

輯三

相愛，其實是一種頻率

接受吧，沒有「我一定能改變他」這種事。

愛他，就該愛現在的他，
別把戀愛寄託在未知的未來上

·

在這一章裡，我想談的是相處。前面經過了自我調整，度過了曖昧期，在即將確定對方是否能成為你的伴侶，給予承諾與名分之際，還有什麼細節該注意呢？在這若有似無，快要抓住對方的時刻，自己真的想得夠清楚了嗎？而本章的後半段，則會聊到一些和對象交往時，我個人的私密經驗以及心路轉折。

依照不同的交往階段，原本就該保有不同的策略及想法。總不會第一次見面，就想到要結婚生子；開始同居後，卻只想著跟這個人每次約會要去哪裡，而不是考量彼此的生活習慣是否能互相配合。

如同經營網路社群，因應不同的時節、狀況會有所調整。剛開帳號的新手紅利期，做什麼都是有效的。遇到撞牆期則要另尋突破，又或者某個時期該減緩新嘗試，鞏固既有的核心粉絲。談戀愛和經營社群或制定產品週期，其實沒有太大不同。

也因此，想告訴大家，一個準備交往前我認為最該釐清的概念，就是：「我一定能改變他。」

如果你恰巧是此信念的擁護者，我會認真、提高聲量的說：「接受吧！真的沒有這種事！」若你不是百年一見、極有耐心的聖母瑪麗亞，還是別這麼想，對自己才會比較健康。

這種念頭，通常出現在兩種狀況。**一種是「備選轉正取」；另一種則是希望扭轉對方的壞習慣或條件。**

第一種，你想「改變」的，是預設自己是某部電影的主角，可以扭轉對方的道德觀。或設定自己在對方眼裡的分數超乎想像的高，擁有他在別人身上都看不到，又這麼剛好是他最喜歡的特質，讓對方一秒認定你是他的唯一。就像小資女在公司茶水間摔倒，飛撲到霸道總裁身上，接著陷入

熱戀的那種情境，愛情可以感化一切。

第二種的「改變」，比較符合現實狀況。當你找到某個七十分左右的對象，雖然對方有些缺點，但身上還是有某些讓你著迷、喜歡的特質，因此你捨不得放手。「既然短期間找不到更好的，不如給他一個機會試試看，看是否能幫助他改善、讓他變得更好。」相似狀況可能有：期待對方有更好的工作、考上公職、戒菸或戒酒、現在很胖但以前很瘦，希望他能成功減重等。

就因為這種想法，好像還看得見一些可能性，而看得見希望，最為可怕。

對方目前在你眼中是「七十分」，而選擇跟你在一起，那麼當他某天變成「你理想中的九十分」時，你有把握他依然願意跟你走下去嗎？如果他的分數提高了，為什麼不會選擇另一個更好的對象？這也是為什麼許多時候，當情侶雙方的生活條件產生變化，很容易走向分手一途。

他可能是潛力股，是值得投資的潛力新秀。
但你該思考的是，所謂的投資不一定會兌現。

如同投資加密貨幣、藝術品或者買股票。對，他確實有可能升值，但若抱持著過高的期待，甚至因為他沒升值就不夠喜歡他，那絕對是一種錯誤的期待。喜歡他，就該喜歡他現在的樣子，而不是在腦海中對他的美好想像。那不是他，而是來自於你對未來不切實際的期待。

這樣的期待有好有壞，如果成真，恭喜你們互相成為對方的神燈精靈；若不幸幻滅，對方也沒有必要為了你的想像而負責任。**他可以試著往你心目中的方向前進，但不代表最終能夠如願抵達。愛他，就該愛現在的他，而不是某個未來或不遠未來後的他。**你連下個月、明年自己會身在何處都不知道了，更別把戀愛寄託在未知的將來上。

或許，你我都曾抱持著莫名的期望，認為自己這次一定能夠對抗命運、對抗全世界，成為某位悲劇英雄，在感情的鬥爭後凱旋而歸。終於讓渣男或浪子改邪歸正，驗證了「渣男自有天收」，以為自己就是那片天。

這次我要說，夢做一做就好了，**還是乖乖回到現實裡，踏實過生活吧！沒有「我一定能改變他」這種事。**

喜歡不一定要考慮現實，但愛需要。

包容這段關係裡會遇到的難題，此刻喜歡就昇華成愛了

寫一本戀愛的雞湯書，怎麼可能不談到「愛情與麵包」這個問題？當然，這通常發生在對方想要認真挑戰我的時候，不時會遇到。她一臉挑釁，彷彿說著：「你不是戀愛達人嗎？這麼基礎的問題看你怎麼回答？」

哼，怎麼可能會輸呢。可能是我太久沒被問到這個問題，又或者是最近對感情有其他新體悟，關於這種愛情腦的使用與感情觀應答，其實就和 iOS 也需要更新版本一樣，與時俱進、隨著科技的進步一起進化。對一個人的喜歡都會變了，這種經典議題的答案也不會恆久不變。

於是面對「喜歡」跟「愛」哪裡不一樣？我有了新的答案。

喜歡不需考慮現實，但愛需要。
談戀愛很簡單，但相處很難。

喜歡一個人，是一種全心全意，無須計較得失與付出，就是一股腦地往前直衝，大腦也喜歡「你正在用行動接近理想」的感覺，進而分泌出大量的腦內啡。所以當你成功地牽起對象的手會激動不已，往下一個階段更突破一些，就感到離幸福更近。

但「喜歡」裡面不包含責任，或者是尚未確定責任義務的發生與歸屬。你不會說：「因為我喜歡你，所以你不准和別的異性講話。我喜歡你，別的異性都不能看你。這是你的責任也是義務！」等等，好像會。這樣的狀況可能發生在國小或國中的時候，或者你以為自己是古代的皇帝，那麼就不在討論範圍內，反正你也不準備談正常的戀愛，請回去古代。

因此，在告白時說「我喜歡你」，是我認為較為適當的選項。至於愛是什麼？愛是包含了照顧、疼痛與犧牲。**愛，包含**

了不離不棄與互相理解。愛是可以讓你在衡量得失之後，仍舊會讓你失去理智的能量驅動力。

在愛裡面，你希望對方能和自己一起變得更好；而喜歡，只是單純喜歡對方的好，屬於單面向（互相喜歡則是兩個單向），沒有複雜的交互作用關係。沒有人會在純粹喜歡一個人的階段，就開始評估：「他有三個優點，可是也有兩個缺點，所以評估之後覺得沒那麼喜歡他了。」

如果有，那是你不夠量，不夠喜歡。

如何區分「喜歡與愛」，就該從這份感情裡是否已經考慮到現實層面為主要依據。儘管愛了之後可能會遇到很多困難，那還是要愛嗎？如果你在這裡點了點頭，代表願意付出代價去克服，包容這段關係裡會遇到的難題，那麼此刻，喜歡就昇華成愛了。

經過衡量與掙扎，願意包容對方所有的好與壞，還是願意給予彼此承諾，才是愛。

相反的，如果你愛的人對你的愛，並沒有付出任何代價，

他真的愛你嗎？或者他只是喜歡你而已？傳傳訊息說愛就是愛嗎？這是我最近的想法，除了你怎麼想之外，不妨也問問你的另一半是怎麼想的。

如果你確定現在這是愛，或正準備要愛，趁著此刻好好的整理與盤點，想一想：

1. 在這段愛的關係裡，你願意為對方犧牲、包容什麼？
2. 對方身上有什麼特質，是值得你為他這樣做，並且是你心甘情願的？
3. 反之，對方可能願意為你犧牲、包容什麼？
4. 對方為什麼會為了你這樣做？

列出這幾點，並非代表從功利、對價的角度去判斷這段感情中誰犧牲的多，誰犧牲的少。而是想邀請大家透過這樣的檢視，再度回顧自己是在什麼狀況下願意去愛，才能愛得更明確也更踏實。膽子夠大的話，拿著筆跟紙去找你所愛的人，討論看看這幾題吧！但不要吵架喔。

/ Play list /
李榮浩 - 落俗

在不在一起，
對得起自己就夠了。

**談戀愛並不是為了當他人的典範，
而是為了自己**

我談過一場很長、很長的戀愛。

很刻骨銘心的那種，在一起好幾年，也彼此陪伴做了很多事情。和那些你或許聽過而有點羨慕的故事一樣，一起出國、一起念書、一起到世界很多不同的角落留下合照，共同工作、肩並肩完成彼此的夢想。

你一定也聽過這樣的故事。曾經以為會走到最後，世界上很難再找到另一個願意陪你走過那麼多的人，那麼，你怎麼會捨得不對她更好一點呢？你們怎麼可能不會一起走到終點？

某一段時間，我總會收到很多訊息說：「哇，謝謝你們讓我相信了愛情的存在。」、「謝謝你們讓我重新相信愛情。」連我周遭最不相信愛情的 W 男都說：「我都換過好多個對象了，沒想到你們還能一直在一起，你們會一直在一起吧？」隨著日子一久，自然而然，我和她，好像變成大家眼中的情侶典範，當別人吵架時可以拿出來當範本的那種。

「你看、你看，那個誰對另一半多好，我們就不能像他們一樣嗎？」。

我並不排斥這樣的讚美，也認為這是一種愛的分享。

雖然自己知道，雙方的相處絕非完全沒有問題，很難大膽說是天造地設的一對。但在那段時間裡，確實彼此都很包容對方，願意陪伴對方前進。

當然，故事最後沒有走到完美劇終，後來的我們終究分道揚鑣了。

隨著故事的結束，那些曾經羨慕的訊息也變成了諷刺。之後再打開訊息，原本的吹捧稱羨，後面都多了一個逗點，

多了一個「但是」。

「是你們讓我相信了愛情的存在，但是，現在你們分開讓我覺得愛情不再存在了。」

對，被扣上一個投射的帽子，接著再給你另一頂帽子放在原本那頂帽子上面。我想著：「為什麼我談戀愛要對你們負責？」

其實到交往後期發生狀況時，我自己也會陷入反思。我開始不知道這種「別人認為很好的情侶」到底是一種扮演，還是本質上我真的就是那麼好，只是我不惜福？不能說是假戲真做，倒比較像是原本只有八十分的事，但在周圍朋友與觀眾的羨慕之下，讓它成了一百分。畢竟這件事也沒有標準清單可以勾選，不是自己打勾了，就能自我評估現在獲得幾分。連身旁最不相信愛的 W 男性友人都這麼說，能不相信嗎？不相信自己，至少要相信朋友吧。對，所以我信了。

相同的經歷，如果對應到每個人的真實生活中，應該很少見，畢竟並不是每個人都會很公開、很大眾地談戀愛。但若我們稍微把範圍縮小，我想狀況也會是如此。幾年後，

我的心情漸漸平復，當見到身邊那些穩定在一起好多年，甚至已經結婚的朋友，或是常在社群上放閃的朋友們，我都會這樣想：「放閃或感情好這件事，好像很難停止，一旦停止，全世界的人都會問：『欸，你們怎麼了？還好嗎？』搞到最後，自己也不太清楚，這場戀愛是為別人而談還是為自己而談？」

就像是因為過去是資優生，所以不能把成績考差。戀愛談著、談著，變成了社會的期待。**不確定你是否也曾有過這樣的念頭，因為家人認為你們很穩定，所以就該一直保持穩定的樣子。**

在一起，真的需要為了別人而負責嗎？不是的。

在符合別人對我們的期待之前，更該回到初心想想，這個人在此時此刻真的還適合我嗎？

如果不是，也許是時候該做出另一個決定了吧？

在那段感情分開之後，有一段時間，我甚至不敢和朋友與家人開口提這件事，好像辜負了他們的期望，不能一直當

他們理想中的典範了。原本以為會被指責、被討厭、被責怪。但沒想到 W 男只是默默地說：「不會啊，你還是你，我是你的朋友又不是他的朋友？」母親也只說了一句：「回來住個幾天，沒事就好。」那幾天聽到這些話，眼淚忍不住一直掉，心中還摻雜著對感情的悔恨與不理解。上個禮拜還以為前任是世界上最能包容自己的人，但此刻又覺得朋友和家人最好，人就是這樣。

經過了這一次我才懂得，所謂的期待，始終是建立在「你很好」的狀態上。

如果你不好，真正愛你的人怎麼會在乎那些外界的眼光呢？**別在乎那些把你的感情當成連續劇在追的人，那不是真正在乎你的人。**

回過頭，真正愛你的人永遠都會在，請相信他們會支持你，所以無論在不在一起，對得起自己就夠了。

| Play list |

五月天 - 後來的我們

沒有誰可以不傷害任何人，然後又貪心地活著。

永遠不要選擇在愛情裡當沒有個性的人

忘記是幾歲以前，有個心態：總想著，若我不犯人、人不犯我，只要沒招惹誰，我就不會受傷了。真是青春期的天真妄想，好像你不愛人，別人也就不會愛你。但活在世上，哪有這麼簡單？你永遠都無法肯定自己在生活的軌跡裡留下了什麼，又不經意的招惹了誰。所以啊，沒有誰可以總是不傷害任何一個人，然後又貪心地活著。

你之所以是你，必定是你的靈魂與個性保有著各種稜角，塑造成你獨一無二的面貌。但談戀愛時，我們都很容易把自己磨成一個沒個性的人，然後問對方：「我都為你犧牲了，你還要我怎麼做？」這可能就是愛情之所以迷人，以及之所以荒謬。

我們都拿著自己最引為傲的稜角，在世上招惹其他人。卻又在相遇、愛上之後，要求對方將一開始最吸引我們的部分給割捨。

「嗨，我喜歡你的獨立，嚮往你的自由生活，喜歡你字裡行間的放蕩不羈與溫暖並存。你讓我感覺你的生活很有自己的樣子，我想我喜歡上你了。」

但相愛之後，你卻對我說你想要我多愛你一點，花更多時間陪你，要我不再自由。可是當我不再自由我又該如何創作？不能創作的我，又怎麼會有自己的樣子呢？是的，我的世界裡變得只剩你一個，但我連自己的模樣都變了。

為了好好珍惜對方，為了彼此共同的生活，難免會在感情裡選擇犧牲一些，調整一點。我們當然理應知道，愛一個人本來就該愛他最原本的樣子，但有時卻仍感到迷惘。可能是為了避免爭吵，或是認為自己真的有改變的可能，而轉頭去打磨自己原本的個性。這樣的選擇並沒有錯，只要肯定這是自己喜歡的樣子就沒問題。但這裡要說的是，學會傷害另一個人，也可能是一種勇敢。

就像動手術一樣，剖開肉是小傷，而手術刀劃開的這一刀，拯救的可能是大傷。否則等到讓感情過了保存期限，那就只剩下遺憾了。除了為難自己選擇改變，與面對對方的意見時充耳不聞，應該還有第三種選項。

這個選項是相信對方可以好好地處理我們的刺，畢竟那是他原先最喜歡的你。

永遠不要選擇在愛情裡當一個沒有個性的人。並非鼓勵爭吵，但我更厭倦於溫吞。

曾看過一句話：「最無私的母親是最自私的人，因為這讓孩子沒有可以指責她的餘地，永遠都是孩子的錯。」

既然相遇和戀愛注定是一場災難，那何不放手去愛？總不會在告白的那刻，心裡就預設這次談戀愛會有「我們從頭到尾都不會吵架，都不會受傷的關係」。理智上知道不可能，那又為何當你們吵架的時候，要如此難過沮喪？

爭吵，原本就是溝通的一種形式；而溝通是戀愛中必然存在的要素。

儘管你自認再好相處，多願意犧牲都一樣。所有個體只要存在於世界上，都不可能沒有存在感。任何的一言一行，都是和這個世界的他人產生互動的過程。每個人都有自己的稜角和個性，沒有不會受傷的人際相處，既然如此，又何必害怕受傷？又何必害怕對方受傷呢？他所受過的傷，比你多著呢！

也許是我從前活得太溫吞，總是努力扮演好戀愛中的每一個角色。替自己設定高於水平的標準，等自己做到之後就想著：「啊，我已經做得夠好了。」但是，哪有所謂已經做得夠好的戀愛？這不過是害怕別人被刺傷，或者害怕自己會刺傷別人的迂迴想法而已。

有什麼要求就說吧！有什麼不想改的就不要改吧！
相信對方有能力承擔，畢竟他是你選擇的人，不是嗎？

說得太難了，不說了，我要活得更貪心一點。

/ Play list /
告五人 - 愛人錯過

談戀愛需要的是相處，
而不是陪伴。

相處是兩個人，透過各式各樣的溝通與互動，
持續修正，找出最適合的「相處方式」

「長輩跟寵物才需要陪伴。」

原文來自哪我也不太清楚，是某天我回家吃飯的時候，爸爸不知道在看什麼節目，節目中的來賓所說的。

在聽到這句話之前，我倒是從來沒有將「陪伴」與「相處」放在一起比較。談戀愛不就是陪對方做他想做的事？以及當他不開心的時候，就陪著對方度過？很合理。華人社會這麼強調互相、禮尚往來，今天你幫他，明天你幫我，每個人都有不好的時候，這種「互相」再正常不過，沒什麼問題吧？

但當我們把「陪伴」與「相處」放在一起，多想幾秒鐘之後，這兩個詞彙所傳達的意思其實有所不同。

「陪伴」對我來說是什麼？相陪作伴。

陪伴是一種純粹的存在，完全以對方的需求為出發點，以「對方需要什麼？想要什麼？」為優先考量而付出。陪伴，多數時候不會存在想法或思考上的交流，只是彼此存在於同一個空間中，讓時間度過。你會說「爺爺奶奶互相陪伴對方，寵物陪伴著我。」這是有一個 A 照顧 B 的角色，或者 A 為了 B 而付出，是單向的流動而非雙向。

那麼「相處」是什麼呢？相處則是兩個人，透過各式各樣的溝通、互動、言談、交流等，持續修正、校準和對方最適合的「相處方式」，這才是相處。

　　相處，是一種持續與對方進行應對進退、觀察調整的雙向溝通。

寫到這裡，有養寵物的人會跳出來了；覺得爺爺奶奶很浪漫，可以陪伴彼此走過一生的人跳出來了，這種無條件的

互相支持與陪伴不好嗎？人生需要花多少努力跟運氣，才能找到一個願意這樣「陪伴」你的人？我當然理解這種難得。

對於寵物，你不會和牠計較亂跑、亂跳打破了杯子、抓花了沙發，因為你知道牠不懂。你用無數的愛去照顧牠的生活起居，而牠回饋你的方式，便是當你在心情不好、鬱悶的時候，窩在腳邊撓撓你，在那一刻你會覺得：「哇，雖然這隻笨貓平常很白目，但今天居然看出來主人心情不好，試圖安慰我呢！」

這當然是一種互相理解的愛，但對於另一半，你真的可以接受他平常是一個生活白痴，打破你各種東西、破壞你生活起居，只要他好摸、好抱、好擼，只求某一刻他突然智慧大開，在你低潮的時候安慰你？聽起來，比較像是個三歲小孩某天在媽媽回家後，端出一塊從學校帶回來的餅乾說：「媽媽上班辛苦了！」這是小孩，終究不是伴侶。

而至於長輩的戀愛，那也是一種漫長的過程和累積。他們一路相識、熱戀、結婚、生子，一同度過了好多不同的階段。直到人生後半場，才由「相處」轉化成「陪伴」。而這個

階段的陪伴，當然會摻雜著彼此行動力日漸下降，或健康狀況大不如前等因素。這種陪伴，不是一朝一夕，更像是前半生已經陪著彼此走過了漫漫長路，直到這一步，什麼都不用說了，只需要奉獻自己最後一段時間，陪你好好走剩下的路。

戀愛需要的是相處，婚姻則可能需要陪伴與相處共存。

若在戀愛階段就走到了「陪伴」，並不是最恰當的狀況。總覺得「陪伴」這兩個字裡，帶有更多的責任與義務。戀愛嘛，走得太快或走得太慢，都不是件好事，把戀愛談得恰如其分，也是種藝術。

如果現在你的對象，給你的「陪伴」感大於「相處」，是不是考慮，也許養一隻寵物就行了？

控制不等於愛，
愛不是等價交換。

以「付出」去「預設並控制」對方的行為，
是因為你缺乏安全感

日復一日的生活中，難免會碰到可控之物失序的狀況。可能是上司指派的工作不順你的意，意外被調換崗位？來自原生家庭爸媽指派，不得不完成的任務？或單純地出了小車禍，生活上有點不便等。

這些拆開來看都還應付得過去的小事，若是不巧都擠在同個時段發生，真的很令人頭痛。所謂的「失序低潮期」就來了。這尤其是在一段長期關係內，特別容易遇上。

若是短期戀愛倒也罷，如果覺得對方煩了，就趕快分開。但如果已經在一起一、兩年，遇到這種「失序低潮期」，便是考驗戀愛雙方智慧與修養的關鍵期。為了好好走下去，

這時如何處理好自己的情緒壓力，區分壓力源究竟是來自於自己或對方，便顯得相當重要。

究竟是因為工作不順、身體不舒服，導致我今天心情很不爽？還是我真的很不開心他今天沒洗昨天說要洗的碗？又是我本來可以好聲好氣的溝通家務分配，但因為其他煩心的壓力疊加，導致我看他特別不順眼？

人都有不爽的時候，**但適時區分和釐清讓你真正感到憤怒的原因，是我現在認為可以更輕鬆幫自己解套、解決壓力源最有效也最實際的方法。**

而另一種當生活遇到壓力時，可能會產生的現象，也就是「支配」。在生活中一定會有讓人感到無力或混亂的時刻，除了亂發脾氣，人類的生理機制會試圖「穩定自我」，有點像是當你深陷混亂的泥沼中，總會想要拚命抓起一根浮木的感覺——雖然不一定能漂起來，但就是會想抓著點什麼。

因此，你可能會去尋找能支配的某個人、事、物，幫助自己找回對生活的掌控感。在這段期間，可能會發現自己在任何關係中，對別人不是頤指氣使，就是過分順從。過分

順從指的就是，直接成為浮木的反面，可能變成浮屍。也就是面對這些人事物，會採取完全任人支配的模式。

寫這篇文章的靈感，是我在讀塔羅牌書籍時看到的。生命就是這樣，會從各種不同的地方提供你線索和靈感。該篇文章是在解讀「力量」這張塔羅牌。它最經典的牌面插圖，是一位白衣柔弱的女子馴服了一隻兇猛的獅子。雖然書上說這是獅子座人生最的大課題，但我認為不只獅子，這也是許多人的課題。

> **人無論想要支配什麼，或者需要在某些時刻被支配，說穿了都是一種渴望安全感的表現。**

但人生真的是當你握有控制權，或馴服了野獸，就代表你真的變好、變強壯、多掌控了你想要的嗎？這些行為，難道不是讓你變成了不想付出愛，單純只想讓寵物聽話的主人？

也許，你認為自己並不是這樣的控制狂。那麼，我換個方式解釋。

在戀愛的關係中，有時會陷入一種迷思，認為自己付出了什麼，對方就應該要有所回饋。今天我幫你買便當，晚上你就要幫我做飯；今天我為了你不去朋友的聚會，明天你要陪我看一整天的劇。當然，互相幫忙是一種情趣，但變成爭吵就沒這麼有趣了。上次我可以忍讓，為什麼你這次不能忍？我幫你做了所有你想要的事情，為什麼不嫁給我？

這不就是一種控制跟支配慾嗎？以「付出」去「預設並控制」對方的行為，是否也是缺乏安全感的表現？

反過來思考，認為「我這次忍耐了，他就會更愛我」。無

論是對他人頤指氣使或過分順從，都不是一種健康的關係。

就像馴服寵物一樣，我們當然能用力量去馴服，但那真的是愛嗎？牠能真正聽命於你、保護你，不該是因為感受到你對牠的愛嗎？

如果付出的原點是愛，是洞悉對方的需求而想要去滿足牠、照顧牠，又怎會去預設任何的回報？同樣的行為，但因為不同的起始點，就可能產生截然不同的感受和結果。

我不會說在所有接下來的戀愛裡，自己都能這樣處理，以上只是一些小小的感悟。也許我們都沒辦法一開始就盡善盡美，但我知道目標就在前方，試著往那樣的愛與自我前進。希望看完這篇的你，也能對愛充滿希望。

/ Play list /
蘇打綠 - 你在煩惱什麼

伴侶是對彼此承諾，但仍各自擁有自由。

**當你們給予對方足夠的信任跟安全感，
一起探索世界，這些熱情能為彼此的關係增添火花**

在很長的某個期間裡，我曾認為一段很棒的關係，就是能好好占有彼此。你是我的、我是你的。好幾年來，我一直很享受這種談戀愛的獨占感。說「占有」可能太客氣，講「占據」或許更明確些。後來想想，為什麼會有這種認知？可能和年少時期的戀愛經驗有關。

「你不能和其他女生太好。」
「你不能載其他女生回家。」
「你出門我都要知道有哪些女生在。」

她限制我這麼做，沒問題，只要她也用同等的方式對待我就可以了。但通常這樣到最後，就是兩個人彼此沒什麼朋友，

因為朋友都被彼此迫害光，最後只好永遠待在兩人世界裡。以前年輕不懂，以為這樣就叫做戀愛。等到年紀大一點才知道，兩個人的人際圈裡只有彼此，而沒有其他朋友，反而是一件非常可怕的事。有極大機率成為一灘死水，從此腦袋不再進步。到底為什麼以前會覺得這種戀愛模式很棒、很好呢？

追根究柢，在對愛情與人際關係的人格建立尚未成熟前，才二十歲出頭的年輕人，有這種念頭其實很合理。
畢竟在茫茫人海中，經歷了各種碰撞，終於找到和自己如此契合的人，多麼難得。

欸，這是你第一次相信愛情如此完美、美好，又怎麼能不沉醉其中？於是，你覺得其他朋友都不重要了，工作、理想、創作也不是那麼在乎了。你可以拋下社交和生活，遊戲和社團。認為世界上只要有一個人這樣懂你、愛你，其他都無所謂。第一次體會到，為一個人全心全意付出，是多麼開心又浪漫的事情。至於別人說的，你活得越來越不像自己，切割了自己，彼此間有越來越多的妥協，你總是笑笑的說：「不會啊，這就是愛吧？是你沒交過女朋友，不是很懂吧！」

也許你說的時候並不是這麼肯定，卻又逼自己篤定。

你以為愛一個人沒有選擇，以為關係之中必定包含一定濃度的痛苦與苦澀。就像手上那杯最近開始愛喝的美式咖啡一樣。

「為什麼我不能同時擁有朋友跟女朋友？」
「難道信任一定要用被監控來換取嗎？」
「我不能在保有自由的同時，也很愛你嗎？」

難道戀愛真的不能兩全其美？以為自己沒有選擇，其實只是你不想面對你有選擇。**認為這種苦不算太痛苦，只是因為你並沒有正視自己的不舒服或不愉快，被享受愛與被愛的慾望給支配，或者，捨不得離開這樣的慣性。**或許，是我們太晚發現原來還可以有更多種選擇愛的方式。

試著再次檢視，自己在愛裡面需要的是什麼？是身體的接觸？還是肯定的語言或精心的時刻？這可能是伴侶永遠沒辦法告訴你的，是只能透過面對自己，才能察覺到的需求。

若你渴望的是自由、是彼此成長、是豐富彼此的世界，又怎能選擇控制和偏限對方的交友或生活方式呢？

伴侶對彼此承諾，但仍各自擁有自由。這樣的關係與可能性會是什麼樣子？當你們給予對方足夠的信任跟安全感，讓彼此有充分的空間自我成長、探索世界、認識不一樣的朋友、探究不同的興趣，你們再次見面時，這些知識和熱情便能為彼此的關係增添更多的火花。

以前談戀愛，像是找到人跟你喝同一杯美式咖啡，一起讚嘆它的苦與回甘並存。

但現在，則是知道對面那個人無論點了什麼飲料，你都不會再先入為主的批評這口味很奇怪，為什麼不跟你一樣喝美式咖啡就好？

因為你尊重了他的選擇、他的喜好，
而你們還是可以坐在同一桌談戀愛談得很開心。

Play list
d4vd-Here With Me

磨合個屁，
唯一有用的事情叫一起成長！

「磨合」從一開始就是以彼此犧牲為出發點，
而「成長」是學習有更多的包容與愛

在某一次的拍攝合作中，認識了馬克信箱的歐馬克。馬克有一個很長壽的電台節目，叫《青春點點點》，當中最主要的環節就是打開觀眾寄來的感情信件。也因此，我們合作了一支一起回答觀眾感情提問的影片。在影片中，馬克講了一句讓我很印象深刻的觀點，大意是：「感情哪有磨合，磨合是強勢的一方磨掉了弱勢的那一方。」

聽完後，我瞬間恍然大悟。原來「磨合」這個詞還有分成主動跟被動，當我們談自己與對方磨合的時候，其實不太會區分是「磨人」的一方還是「被磨」的一方，好像無論跟朋友聊什麼，只要把「磨合」兩個字搬出來，就代表著

「我們願意花時間與精神相處溝通，而不是吵一吵就分手，所以我們是優秀的情侶典範。」

磨合代表彼此願意為對方犧牲，磨合代表我們真的有愛可以讓彼此消磨，磨合代表我是用大人的方式在談這場戀愛！

探究「磨合」這個詞彙的涵意，大概是：「全新或是經過修理的機械、器具、車輛，經過一定時間的使用與運行，使得加工的摩擦面可以更加緊密的密合在一起，運行得更順暢。」放在戀愛上，則是把彼此譬喻成：「在這世界上相遇而決定共同面對人間磨難，但在一起後卻發現，對方有很多毛，我自己也有很多毛，所以需要彼此打架、爭吵、消化一段時間的過程。」

但磨合一定是互相嗎？真的沒有誰犧牲的比較多嗎？接著，試著運用一些「磨合」的句子舉例，看看怪不怪。

你可能會說：
「我們磨合了彼此的相處方式。」
「我們磨合了彼此的價值觀。」

但你不會說：
「我磨合了我的脾氣。」

但你又會這樣說：
「時間和社會磨合了我待人處事的稜角。」

先從最後那一句開始回推，「時間」與「社會」明顯是一個遠遠超越自我存在的概念。是一種單靠自身很難超越的力量，所以才會說「被磨合」，是我們身上被修整成一種工整或拔掉尖刺的樣子，稱為磨合。

至於：「我磨合了我的脾氣。」為什麼聽起來很怪，是因為「合」這個字，需要有另一個人跟你「磨」，如果是單方面的收斂，那叫做「我跟他在一起，收斂了我的脾氣」，除非是兩個人同時從火爆變得收斂，才叫做磨合。若是單向因另一個人純粹怕你兇、嫌你兇、嫌你大男人，而逼得你不得不換一種溫吞和緩的生氣溝通方式，那是收斂，不是磨合。

再回推到最前面兩句，所謂磨合了彼此的價值觀與相處方式，到底是誰磨合了誰？哪方磨合了哪方？中文真的很容易被動詞綁架，因為中文不存在動詞的被動時態。如果磨合可以是「磨合 ed」，那麼很多善男信女在關係裡，就比較不會暈頭，以後就能學習一種新的且帶有一些些機智的嘲諷，叫做：「我最近被磨合了！」其中的暗喻與不甘願和些許無奈，都在此展現無遺。

雖說「磨合會由強勢的一方，磨去弱勢的一方」，但所謂的強勢或弱勢，不單指於感情中的某個特定因素。**並非是經濟或言語權的強勢等，而是談戀愛過程中，整體上掌控著主導權和話語權的那一方**。究竟是誰？女方可能看起來

總是吵架吵輸，但她總有辦法讓男生隨著她的心意走。那麼吵架總是男方贏，但最終戀愛的磨合還是按照女方想要的模式；又或是男方在生活小事上都讓著女方，但關於居住、工作、步入婚姻的節奏與形式，都由男方掌控，那麼廣義上來看，女方還是被男方磨合掉了。

然而感情中，一定要分清楚誰強勢、誰弱勢嗎？倒也不是要大家把每件事都算得這麼清楚，這樣太累了。**只是希望提供給大家一種重新審視的方式，「不要以為是兩個人都在調整和配合，最後卻是自己在犧牲」，這會變成一場很可悲又辛苦的戀愛。**

往後的日子裡，我們一起換個說法吧！

把「磨合」這個詞彙替換成「成長」，整個句子就會溫暖許多。

「我們正在讓彼此的相處方式一起成長。」
「我們正在讓彼此的價值觀一起成長。」

「磨合」，從一開始就是以彼此犧牲為出發點，因為被磨掉了。

但「成長」是學習有更多的包容、更多的愛、更多的溫暖與智慧，去處理和應對彼此的人生與原生性格。

成長」是讓自己的能力得以提升，懂得和世界上的每個人、事、物有更好的應對進退。

而不是單純的「為了愛這個人」去犧牲些什麼，我是這麼想的。

一起成長吧！

Play list

孫燕姿 - 開始懂了

輯四

為什麼我總是需要一個答案？

如果付出的起點是匱乏，那不是愛，是索取。

**儘管多愛了一個人，都要隨時記得，
先有你，才有你們**

最近聽到一個很新鮮的詞彙，叫「單身導師」。意思是指這個人明明單身很久，卻總是自詡為愛情專家的樣子，幫身邊朋友解決各式各樣的感情問題。從挑選適合的對象、愛自己、到破除曖昧、交往後的疑難雜症等，都能解決。看到這個詞彙我忍不住笑了出來，自己有段時間好像也是這樣。

幾年前，在某次戀情失敗後，我讀了許多和感情、命理、神祕學有關的書，因為我知道自己耳根子硬，別人告訴我的答案或方法，在心理或生理上都絕對不會接受。於是，窩在成堆的理論和學說裡找解答，成了我那段時間生活唯一的重心。

忘了確切的契機是什麼，但在某一次購書的過程中，遇到了改變我戀愛觀念非常重要的一本書——《依戀效應》。這本書深入淺出將心理學的「依附理論」運用在感情與人際關係當中。

接著，我將用一個簡單的故事來說明這個理論。也採用粗略的分類方式，讓你找出自己的依附類型：

想像自己現在是一位小孩，和媽媽同處於一個白色的封閉房間之中，你的面前有一組積木玩具。十五分鐘後，媽媽說要離開房間一段時間，而當十五分鐘過去了，媽媽卻沒有回來。直到三十分後，媽媽才回來，此時你的反應是什麼？

A. 媽媽沒回來的時候，我可能會哭。看到媽媽回來後，立刻上前抱住媽媽。

B. 媽媽沒回來的時候，我可以一直玩積木或做自己的事，即使媽媽回來，我還是繼續玩積木。

C. 媽媽回來後，對她大吼大叫、哭鬧、摔積木。

D. 從頭到尾，都不理解媽媽在做什麼。

A.（安全型）B.（逃避型）C.（焦慮型）D.（混亂型）

你或許會想，這和我會不會談戀愛有什麼關係？這不是跟我和媽媽的相處有關嗎？仔細想想，面對父親或母親時，便是我們第一次學習到愛的經驗，以及如何與他人相處。

A.安全型：代表你可以清楚對某個依賴對象（**通常是母親**），**表達自己的需求跟愛的渴望**，而母親會給予適當的回應，讓你知道在有需要的時候會得到母親的支持。而這部分若延伸至成人的感情關係之中，對應的則是，你能夠輕鬆自在的向另一半表達愛的需求，就算有爭吵也不會感到害怕。因為你並不恐懼這個人某天會突然不見，對這段關係感到安全且放心。

B.逃避型：代表當你失去依賴對象時，會主動隱藏或不表露心中的情緒，**也可能會尋找環境中某一種無關的事物讓自己轉換注意力**。例如故事中的小孩，媽媽回來後還繼續玩積木，實際上他已經習慣這樣的作法，也習慣在關係中當懂得照顧自己情緒的人，才不會被周遭的人厭惡。

C.焦慮型：搖擺不定的態度，可能有時是安全型的表現、有時是逃避型的行為。更有些時候，會採取憤怒、失控的方式來表達自己的情緒。

D.混亂型：這邊先不討論，因為涉及的概念會更複雜、更難解釋。

我自己在某些測驗中是逃避型，有些則是安全型。

測驗的項目其實劃分得很細，面對父母、情人、朋友、同事，都有可能出現不一樣的依戀類型。而這些結果，也會隨著時間變化或戀愛經驗增加而有所改變。當你遇到一個很好的情人，可以安心的把自己完全托付給他，那麼在這段關係中，極有可能從其他類型轉為安全型。

當我讀完這套理論後，的確在往後的戀愛經驗中，多了一些審視和觀察自己的角度。例如，我知道自己在應對嚴重爭吵而最終無法解決時，會選擇從原本的安全型（勇於表達溝通）轉變成逃避型。具體的行為表現很簡單，就是躲起來沒日沒夜的打電動，直到我開心了，回到關係當中就裝作沒事。

而在我後來的觀察裡，**焦慮型有著一個共通點，那就是會習慣付出比合理範圍內更多的愛**。如果普通人對朋友的愛是五十分，他們可能會給到一百分；對另一半的愛應該是一百分，他們就會給到二百分。原先不太能理解這樣的行為，但後來我的詮釋和解讀是：「因為害怕我愛的人不愛我，唯一能對抗這種混亂的方式，就是用盡全力去愛他們。所以即使感到很委屈、很受傷也無所謂。**不想不被愛，所以強迫自己愛得更多。**」

我曾經深深的被這樣的想法或行為傷害過。

因為我並不知道這樣的人對我的付出已經超出了負荷，我自然不可能用相同的「二百分方式去愛對方」，導致對方自己不停為這段關係犧牲。當我沒能投入相應的愛，另一半始終認為我虧欠著她，是她愛我更多。

妳很在意我有很多異性好友，妳沒說。
妳很在意為我犧牲了更好的工作機會，妳沒說。
妳很在意和我搬進了一間負擔不起的租屋處，妳沒說。

但這些好多、好多的沒說，在說出來之前我有機會知道嗎？

妳的沉默，對我來說是否公平？

妳的隱忍，是否為了藏著一張底牌，能夠在最佳的時機點打出來，讓我感到愧疚、認為原來都是我的錯，而我也不再有機會彌補？

我曾經深陷在這樣的想法裡許久，直到有一刻我開始懂了，原來這是她保護自己的方式。「如果我先在手腕上多劃一刀，是不是就有機會讓你對我好一點？吵架的時候，當你看見我手上的疤，是不是就能多包容我一點？」

> **遺憾的是，我從來就不知道妳的手上與心裡，**
> **曾經因為我劃下了那麼多道疤痕。**
> **愛是出自於豐盛，絕對不會出自於恐懼。**

若是因為害怕失去而試著對另一個人而付出更多愛，那還是愛嗎？這只是以愛為名的索取。愛不是全然依附於對方，放棄自己本來的樣貌。

儘管愛了一個人，也要隨時記得，先有你，才有你們。
任何依附在對方身上的關係，都是你還無法 100% 愛自己的過渡期。

心中還是有點遺憾，偶爾想起那段關係，仍會感受到心中的酸澀。問問自己，如果心思更細膩一點、觀察力更好一些，或者再愛得更用力一些，對方是否就不會那麼痛了？

但這些都已經永遠無解了。

或許我們心中的遺憾都成了未來的養分，把學習放下的過程和大家分享，希望能為你照亮前方的路途。

註：本篇關於依附理論的論述、測驗、敘述，純屬個人理解，不代表任何專業知識與立場，僅供參考。

/ Play list /

Avenoir-Shameless

就是不能放下你，
因為那是我們最後的關係。

他不會消失，這一起走過的路，
是永遠留在你們身上而不會消失的印記

我的 Instagram 私訊小盒子裡，常會收到許多陌生訊息。

有的是長篇大論，鉅細靡遺的描述她的感情細節；有的則是毫無章法，不管故事的起承轉合，兩、三句就希望我能像算命老師般回答：「你覺得他愛不愛我？」

有些人不斷強調自己真的不在乎，卻又急迫希望自己的故事被聽見。有的則是以最無害的偽裝說：「我有一個朋友，捨不得男朋友卻又喜歡上另一個人，他不知道該怎麼辦才好？」這些問題總在差不多的節日，陸續出現在我的 Instagram 訊息欄中。

凌晨夜裡，關掉燈光後，一個個未讀的白點亮起，如同醫院急診室門口徘徊的患者，無法判斷他們到底是沒事還是重症病患，唯一能確定的是，他們看起來都很急。

我其實已經很習慣扮演這樣的角色了，若能幫上一點忙，也會覺得快樂又欣慰。如果聽聽我的意見，就能幫他們找到有用的解決方式，當然很好。但事實上，我的方法有用和沒有用的機率大概各半。

機率各半的原因，有時和我回覆的訊息無關。剛開始，我很認真檢討自己的回覆方式，但日子久了，逐漸發現有些人只是想找人聊聊，其實並沒有想聽你的意見。或者想找人回應他認為對的說法，如果和他持相反意見，便選擇忽略或者反覆跳針。

然而最近，收到一個罕見又特別的案例，她開頭的第一句話就說：「我知道這些都是我的錯，也知道是我當初太任性，這段關係裡有很多事情處理得不好，沒有好好溝通。」當下閱讀的時候其實很傷感，我感受得到她的悲傷，但同時也感受到了她的理性。如果在發訊息的同時，她正在省視自己過去在關係裡發生的問題，那麼應該早有足夠的能力，去處理現在所面對的狀況。

她：「我試著和朋友聊過，並非不想面對，也會自己做瑜伽、散步、學習新東西，試著和新對象出去走走、聊聊，但，我就是沒辦法讓自己好起來。」

我：「妳覺得他有做不對的地方嗎？」

她：「沒有。」

訊息回到這裡，我心中不太明白。

一般很少遇到這樣的狀況，聊了一陣子，卻沒辦法提供恰當的解決方案。她知道問題出在哪裡，也有讓自己康復的力量與想法，更沒有單方面將前段關係的責任，完全歸咎於對方。

到底放不下前一段關係的念頭，是什麼呢？

聊天的過程中，我換過很多種說法與思考邏輯，試圖反覆推敲出一個合理的答案。而在經過了一晚和一早的溝通後，我在進行其他工作的瞬間，得到了答案。於是，我馬上滑開手機，送出了訊息。

我：「妳是不是覺得，如果放過了自己、不再糾結，就和那個人失去了聯繫，從此毫無瓜葛？」

她說：「想了很久，你說得對。如果我真的放下對方，就好像跟這個人再也沒有關係，他會在我的生活中消失，我不想這樣。」

不能不恨你，因為那是我跟你最後的關係。
如果不恨了，你就會在我生命裡消失，我不想這樣。

我們與愛人的關係，建立在生活、共同的朋友、興趣、彼此的需求及身體上。這些關係在分手之後都將消失，那些愛過的，從無到有建立起來的美好，真的都不算數了嗎？

我不確定，我也曾經不知道如何證明這些美好是否存在。

於是，不停的鑽牛角尖，在夜晚時把燈關起來，在哭到睡著之前，反覆掐住自己、施加痛苦，透過不斷回顧失去，讓自己「感覺」和前任依然有關係。
就是這個痛的感覺，讓你相信和對方的聯繫還在。

儘管各自分開生活，從同居的地方搬走，共同的朋友也都沒聯絡了，但又怎麼樣？我想起來還是會痛，這樣應該能證明他還在吧？當他想起我的時候應該也會痛吧？我們還有一點點可能吧？

你當然可以選擇這麼做，因為我也曾經如此。但現在我懂了，除了逼死自己，還有另一個選擇。

相信對方，相信他在此時此刻，也正試著往更好的自己前進中。

在某個你看不見的空間或時間裡，正試著成為更好的人，因為妳也在努力，準備從這樣的過去走出來。

過去那段你們一起走過的路，都會留下。**愛過、吵過、掙扎過，能解決的、沒解決的，都是彼此給予的課題，這是永遠留在你們身上而不會消失的印記。**

他早已成為妳的靈魂與塑造妳人格的一部分，只是現在你們該各自前往更好的遠方。如同到了轉機站的旅伴，曾經有過一段美好的旅行，時間到了也該好好說再見。

我就是不能放下你，因為那是我們最後的關係。
我終於能放下你，是我終於相信你和我一樣，
正以某種方式努力著。

願每一個階段的他，都好。
看看天空，這是我現在學會的放下。
你呢？你現在學會怎麼放下？

[Play list]
DPR LIVE-Jasmine

你是問題，也是答案。

曾經愛過，還能愛人，還能被愛，就是一切的答案

我是一個喜歡找答案的人，你也是嗎？

對我來說，找答案就像是自己的天職，人生履歷上的專長那欄，若能自己填寫我就會寫上「越辯越明」。不管是什麼樣的問題，小至「愛是什麼？」，大至「你最喜歡的歌手是誰？」對我來說都需要經過反覆驗證，才能回答得理直氣壯。若是沒有經過一番靈魂拷問，跟反覆比對研究，怎能完全確信自己交出去的答案？

從小到大我都是這樣，不管別人跟我說了什麼，都是別人的事、只是參考用的。就算真的依循他人的方法，找到看起來不錯的路徑，我還是會在一切順利走到一半時，想著：

「嗯，接下來換個方式看看好了，搞不好會走得更快、更順利。」

會這麼做也沒有什麼特殊原因，總覺得若不是自己體會，照著別人的攻略手冊照表操課，不僅無趣也缺乏個人風格。除了我自己親身經歷之外的，都並不真實。

這樣的人格特質放在日常生活裡，倒也不具有太大影響，頂多是從朋友那獲得「固執、難搞、倔強、不知道在堅持什麼」等評價。但如果真遇上了情傷，觸發了和生命歷程緊緊相連在一起的課題，真的有可能逼死自己。

「為什麼最後她還是離開我了？」
「我哪裡做得不夠好？我還能更好嗎？」
「這段日子到底是從哪裡開始出了錯？」

這些問題別人拿來問我，我就會一秒回答：「不要再想，這沒有意義。」但若發生在自己身上，只能迎來無可避免的腦袋當機。

「別人的答案不適合我，因為我的靈魂和邏輯是獨特的，

所以別想丟一個他人的答案來敷衍我，對我而言，只有我
找到答案，沒有答案來找我。」

非得要自己鑽牛角尖，想盡辦法客觀的將自己抽離出來思
考。進行交叉辯論，區別感情道德立場的正方與反方，如
同韓劇裡抽絲剝繭的檢方，把事情一遍又一遍看過，好不
容易被覆蓋起來的傷口，也拚了命再次鼓起勇氣掀開，只
為了找到新的線索。

但真的所有事情都有解答嗎？終究會在精疲力竭，傷痕累
累以後，經歷過了憤怒與不安，也不知是真的釋懷還是假
裝釋懷，甚至站在第三者的立場安慰自己，才好不容易可
以用最後剩餘的一些精力，讓自己接受從一開始就沒有答
案的問題。

你怎麼愛我或不愛我，沒有答案。
我愛你或我不愛你，也不是問題。
但，愛過你就是我曾經的答案。
愛你就是問題，愛你就是答案。
愛過你就是問題，愛過你就是答案。
你是問題，也是答案。

正因為選擇愛人的是我，正因為選擇被愛的也是我。

所有的問題若真要求一個答案，便是我渴望被愛，也渴望用愛人的能力去愛人。

我就是問題，也是答案，這是我的選擇。若不是自己選擇開始這一段感情，為這段感情有所付出，那麼這段感情也無從開始。

那些分離之後的悲傷和難過，
總是和自己的投入和信念成正比。
你為什麼哭了這麼久？那是因為你開心的日子這麼多。
在這段開心的日子，你都是真心去愛的，
而真心去愛，就成了你為何傷心的答案。

所以別再責怪自己，別再鑽牛角尖。
曾經愛過，還能愛人，還能被愛，就是一切的答案。

/ Play list /
吳青峰 - 起風了

謝謝你陪我度過一段旅程，再見！

我們終究要一個人走完人生旅程，
能遇見你，陪我走過一段，很幸運

有一陣子，很著迷於買畫，倒也不是真的去畫廊或藝術展買一幅十幾萬的收藏。雖然很想這樣做，但始終沒有這股衝動。

後來在 Instagram 上看到幾位年輕藝術家分享自己的作品，斗膽的私訊詢問：「我很喜歡你的作品，請問可以跟你買畫嗎？」試過幾次，對方往往都會欣然接受。

才知道，原來這樣的創作他們稱之為「委託創作」，可以根據委託者的需求，創作出一幅畫。甚至可以指定顏色、元素。例如有一次我說，我想要很韓系、有點夢幻又有點蕭瑟的配色感，還要有天空、海，還要有我們。

「我們」指的是我和某段時間的對象。這個委託發出去之後，因為對方的工作繁忙，我也忙著別的工作，再想起來已經過了半年多或一年。更尷尬的是，等我想起來時，已經與那位對象分手了。

人總是在分手的時候，會特別想整理某個階段的自己，於是我傳了訊息：「嗨，好久不見，我的畫好了嗎？」對方說好了，可以幫我寄過來。幾天後，我打開包裹，看著畫框裡的畫面，久久說不出話。

收到畫的那天，是我第一次見到畫作。在這之前，我只見過天空與海被畫好的樣子。畫完成之後，畫作右下角多了一片類似沙灘或海岸的地方，兩個人與我們的寵物，還有一個公車站牌。站牌上，畫著禁止通行的符號。

我：「你怎麼知道我和她分開了？」
畫家：「咦？你們分開了嗎？我以為你們很好！」
我：「你怎麼想到畫上禁止通行的符號？」

他說他只是想要畫面中有個紅色，所以在站牌畫完後塗了上去，是個很簡單的想法，並沒有任何暗喻。畫家還一直

向我道歉，我說沒關係，就當成預知畫吧！

兩個人，搭著一輛公車，公車上看見禁止的符號。
車停了，我和她下站，各自走向下一段旅程。
接近傍晚的天空微紅，海邊的海水正藍，
我們的寵物仍然笑得很開心，但牠不知道發生了什麼事。

這幅畫的意象，在往後的日子裡，逐漸成為某種我對愛情
的詮釋。

和一個人在一起，
就像是人生某一段時期的旅伴。

**若將戀愛比喻成旅行，就是在你獨自旅遊的某一處，意外
遇上很聊得來的他／她，於是你們約好在這段時間裡，一
起旅遊、一起探索，互相扶持。**

如果順利，你們可以陪伴彼此走下去，走過一個又一個的
城市，這需要多麼大的運氣？可惜多數時候，我們終究會
走向不同方向。我想去日本，她嚮往巴黎、歐洲；我覺得
累了，她卻不想留在原地。

人生每個階段，都會面臨不同的挑戰和選擇。有時分開很簡單，只是你覺得夠了，但她想往更好的地方去。但你衡量之後，說：「算了吧，我累了，我想在這裡多待一段時間，看看這裡的風景。」

生命不也是一場旅途嗎？

無論友情、愛情、親情，始終沒有任何一個人，能夠陪伴你走過完完整整的一輩子。每個人啊，都是陪我們共度某段旅程的夥伴，有些長、有些短。念書時期相遇的朋友，不也是如此嗎？畢業後因為各自有了家庭、踏入了產業各異的工作，或是因為單純興趣或人生志向不同，而漸行漸遠。愛情，也是如此。

不過是選擇不同，要去的方向不同，現在到了該說再見的時候。

與其每次都哭得痛不欲生，現在的我，在遇見她或每個人之前，都會將這樣的信念放在心裡。我們終究要獨自走完人生旅程，能遇見你，陪我走過一段，很幸運。

哪天你要離開了，我會好好說再見，謝謝你陪我走過這段路，謝謝你在路上陪我聊天，陪我分享這段美景。也許哪天，我們又會在轉角的咖啡店相見。

至於那幅畫，直到今天也沒把它掛起來。成了朋友來工作室玩，多喝幾杯時會拿出來展示的物件之一。

也許之後，再想辦法塗一層上去吧！
像是刺青師改掉刺青那樣，後會有期。

/ Play list /
陳奕迅 - 好久不見

沒有失敗的感情，
每段關係都是積累，都是戀習。

**因為上一次相愛的經驗，讓我們有更多勇氣與智慧，
與下一個他相處**

在離開一段關係後，我們經常會這樣問自己：「這一段感情算是失敗嗎？」

要回答一段感情是否失敗，就像在探討怎樣才算真正的公平，人生怎麼過才算值得。其實並沒有標準答案。

人生值不值得、感情失不失敗，在沒有走到生命終點的那一刻，都很難蓋棺定論。

但偏偏在結束一段感情後，人們總是急著向自己說：「嗯，這段感情值得、這段感情成功。」**只不過是為了說服自己不虛此行，付出的時間與真心還有點用，不是丟到水裡什**

麼都不剩。人就是這樣吧！知道自己還擁有什麼，才比較容易放下。

某天下午，在健身完準備騎車回家的路上，停好車正準備拔鑰匙時，我看見對面的人行道上有兩、三個人，不約而同看著天空拍照。我心想，在拍什麼呢？轉身一看，看見一抹橘紅的夕陽，正落在公園與兩旁住宅之間，將原先淺藍色的天空染上了漸層。我也跟著拿起手機拍了一則限動，後來仔細一看，畫面上還有一道小小的彩虹。

那天出門前，有個男生傳訊息問我：「請問米鹿，我該怎麼忘掉一段戀愛呢？」

會想忘掉，必定是內心否定了這段感情，你不想記得。**因為痛苦，因為認為不值得，因為想當作一切都沒發生過。**

我認為，沒有人能夠真正忘記一段感情。你可以選擇將它埋藏起來、視若無睹，或是接受它的存在，而不是忘記。我們該做的，是在心裡與對方和解，以及跟自己和解，而不是遺忘。

何況都愛過，怎麼捨得忘掉？以前，我也覺得該忘記。

忘記，不就是找下一個人，親下一個吻？但其實自己最清楚，那些忘不掉的就是忘不掉。**要淡忘一段感情，不就同時將認真愛過的自己也忘了？愛得那麼深，這麼難得，不可惜嗎？**

任何的過去都是積累，如果此刻我們選擇否定過去，那就沒有接下來的自己了。

透過無數次的練習，以及無數次和他人的應對進退、搭話、聊天、相處、照顧、調情，最終好不容易才進入一段感情。交朋友都會失敗，談感情失敗有什麼好恐慌的？**工作跟考試也都失敗過，但工作失敗會說是記取經驗，為什麼面對感情，就想要將自己腦袋洗白，想找方法讓自己失憶？**

別想著戀愛失敗，也別想著忘記這段感情。

你永遠不會知道，在這段關係裡學到的東西會帶你去到哪個遠方，給予下一段戀愛什麼樣的能力。就算他傷了你，也讓你學會了保護自己，學會什麼是痛，學會判斷哪些可以忍耐、而哪些不行。

傳訊給我的男孩，我想跟你說，
其實你不是想忘掉一段戀愛。
你只是想得到一個道歉。
得到一個肯定、得到一句我也愛過你。

抱抱自己吧！
你所付出的內心都清楚。
而他，也在用他的方式自我治療。
你們都在與自己和解的路上。

別說忘了。

愛過的都值得，錯過的都別等。

要謝謝每一個離開的他，

教會了你怎麼愛人。

看著那片已經變成我手機桌布的夕陽，寫下了這段話。

感情從來沒有失敗。這一切都已幻化成我們身上的養分，

在心裡看不見的地方，默默地給予力量。當你走入下一段

戀愛，遇見下一位可能是對的人，所有的經驗、所有的過

去、所有的前任，其實都曾默默地幫助過我們。

正因為曾經說錯話，所以知道下一次的話該怎麼表達。

正因為曾經吵過架，才知道下一次的爭吵該如何解決。

正因為上一次到最後變得不愛了，

下次才擁有更多勇氣、更多方法、更多智慧，

與下一個他相處。

這是為什麼我說，世界上沒有失敗的感情。

用另一個角度來看，其實每段關係都是積累，都是戀習。

/ Play list /

HYUKOH-I Have No Hometown

他回過身說：「我們結婚吧？」你有勇氣回應嗎？

重逢或許是浪漫，但也或許是另一次分開的開始

此刻你接起電話，是二十年前初戀的聲音。他說：「我們結婚吧！」你有勇氣回應嗎？請回答。

前些日子某位台灣女星與韓國男星的新聞，浪漫美好到不切實際。報導說，兩人甚至沒有見面，只因男方透過二十年前的電話號碼，便重新連絡上。沒有原因，不需重新了解，因為雙方早已知曉是最了解彼此的人，於是透過視訊求婚，對方答應了，這是男方的初戀。

我想了很久，假設初戀的一切都很美好，兩人和平分開，彼此沒怨懟，但你真的能因為那通電話，開始重新勾勒所有美好，連見面都不需要，就此決定了人生大事？這是堪比

小說的浪漫情節，浪漫到在韓劇出現都覺得有點不切實際。

不用擔心這些年間彼此變了，不用見過雙方現在生活圈的朋友，也不用試探對方這二十年間的三觀跟生活習慣是否改變？

從早晨想到夜晚，反覆斟酌。我認為我不能，真的不能。

相信每個人在學生時期或剛出社會時，一定會有一段特別美好的戀情，是你對愛情的啟蒙。讓你第一次認識到所謂「戀愛」是怎麼一回事。

這可能不是初戀，但肯定是你第一次失心瘋，你為他跟家人吵架，你和他可以講超過五個小時的電話，你們每天都捨不得分開。這也是你第一次知道，原來愛情真的會像龍捲風，有一種情緒就叫做明明想靠近，但卻自己孤單到黎明。

現在回想起來，關於那段「初戀」，所記得的都是美好又浪漫的。

因為長大之後的戀愛，變得踏實而穩重。好像在吹熄某一次生日蛋糕的蠟燭時，心中許願，希望別再談會失去自己

的戀愛。於是在醉過又一間餐酒館之後，終於下定決心，不要再當會為了誰而哭得死去活來的笨蛋。

忽然想起多年前的你，在那份愛裡頭可以不顧一切。也因為經過這麼多人的身邊，突然驚覺那份原始的愛才最是清晰而濃烈。好像從那年之後，再也沒辦法回頭體驗這麼純真的愛了。

是這樣嗎？
也許真的是這樣。
但我還是沒辦法如此勇敢而衝動。

你會說經過二十年，或許他再次出現已經是個全新的人，他身上必然還保有著某些當年你所喜歡的特質。畢竟這是本能，就像二十年前你喜歡那首五月天或周杰倫的歌，現在再拿出來聽還是喜歡。但用現在的年紀去看，也許可以有更豐富的視角，能找出更多不同的樂趣，像重聽一張經典專輯的 Remaster 修復版。

這我認同，也許能重新認識、重新了解，再次給二十年前的緣分一個機會。

但什麼都不顧，連面都不見的答應，太勇敢了。**現在的我們能朝同一個方向前進嗎？二十年間你改變了什麼？那些搖滾樂你還聽嗎？我們還能一起讀村上春樹嗎？重逢或許是浪漫，但也或許是另一次分開的開始。**

我也曾經有過一段很美好的初戀，我們有過美好的記憶，放學後會在國父紀念館的圖書館念書約會。最後，因為一些很愚蠢的爭吵而決定分開，幾年之後遇上，她再問了一次要不要在一起。

「我不知道我們會不會比以前更好。」
這是我對她說的最後一句話。

不知道閱讀這段的文字的你，想起了誰。
不知道你是否像我一樣，缺乏為愛情再衝動一次的浪漫。

拒絕不是不勇敢，
而是更了解此刻的自己需要什麼。

安穩地做選擇，而不再後悔那樣的戀愛。

或許只要現在的我們都好，就足夠了。
將那份美好，靜靜的放在心上吧！

/ Play list /
太妍 -What do I call you

你可以問，但你們已經沒有更多愛可以給了。

有意識的在日常生活中累積、審視自己的戀愛資產，成為一種必要

在我的歸納與統整裡，**所謂的「沒感覺了」、「不愛了」、「我累了」的原因，都是出自於一種匱乏─我已經沒有更多的愛可以給你了**。這大概屬於分開的理由中，最無奈也最心酸的那種。

為什麼原本的愛會沒有，不夠了？為什麼愛每天都要給？愛不是睡醒就會自然從身體出現的東西嗎？

先釐清一個問題：「『愛人』本身是一種消耗嗎？」

這個問題，和其他生活中我們需要面對的瑣事相同。工作是不是一種消耗？如果不是，追逐夢想為什麼會累？為什

麼愛我的家人會讓我感到心煩？我們很少去思考這類的問題，是因為很難估算自己的心力成本。

只要換成金錢概念，就比較容易理解了。租這個房子一個月兩萬五值不值得？我要維持一個月的生活開銷需要花多少錢？水電、吃飯、交通、手機網路，都是必要的。

那麼，愛人為什麼不用計算成本和營養素？以為睡起來就像手機遊戲的體力一樣，會自動回血？那不就跟我只要躺著睡覺就會長肌肉一樣荒謬？**沒有付出和努力，只想著收穫**。

說穿了，不過就是「感情需要經營」的老調重彈。

所謂的「沒感覺了」、「不愛了」、「我累了」等，聽起沒血沒淚，根本不知道從哪開始改變的分手理由。若真要求個答案，原因就在於：「**我們感情經營模式失敗了，供需失衡，沒有好的循環。**」完蛋，再度聽起來沒血沒淚。

人啊，總是容易被愛蒙蔽雙眼。

愛，雖然真的是能超越世界一切力量的存在，但它同時也立基於生活中，能治癒你的日常。如何「有意識的在日常生活中累積、審視自己的戀愛資產」，就成為了一件必要的事。

讓我們來做個練習。每段感情的愛有多少，以下是個簡單的計算方式，單純提供大家參考。

X ＝每段感情都有相遇時的起始分數，越是好不容易在一起的那方，起始資產越高。

Y ＝交往後，日常相處所產生的每月盈餘或盈虧。

Z ＝交往後，日常中所產生的愛或不愛。

案例 1：浪漫的異國戀

X ＝100，歐洲男為了追愛放棄一切到台灣，雙方都認為超浪漫、超感動，以 100 分開始。

Y ＝－10，歐洲男受不了台灣天氣很熱，加上不會說中文、在台灣又沒朋友，雖然很愛女生，但生活不開心。

Z ＝＋10，兩人每半年去歐洲旅遊一次，去的時候都很開心，成為甜蜜回憶。

此案例的推論為：兩人大約在相處十二個月後，也就是一年後會分手。雖然彼此相處很開心，在一起也很浪漫，但終究敵不過生活上對男方帶來的不便與不快樂，最後男生說：「我累了」。

案例 2：樸實無華的小戀愛

X＝50，兩人是大學班對，順其自然地在一起，認為彼此
　　是不錯的對象。

Y＝5，雙方平時各自有工作，假日見面。但因為彼此都會
　　留意對方的喜好，願意花時間了解對方的興趣，每次相
　　處都很愉快。

Z＝1，兩人沒什麼特殊嗜好，也不喜歡出國旅遊，約會就
　　是開車出門在近郊散步晃晃。

此案例的推論為：剛開始火花不大，但因為雙方的生活與
交往態度都很正向，雖沒什麼驚天動地的過程，但經過長
久且踏實的生活累積，最後形成了龐大的感情正資產，而
步入婚姻。

當然感情還有更多瑣碎的細節，但以上倒不失為一種審視
感情資產的方式。一般只會談論相處過程，但卻忽略了剛
開始在一起的那刻，所累積的感情資本是多是少。

如同前面所說，**能治癒你的事物，必定同時來自於你的日
常生活，取之於日常，也用之於日常。**

就是這些日常瑣碎的小事，
會影響到你的感情狀態。

粗淺的談些感情經營，無非就是想在能力範圍內，幫助大家成為一個能「自給自足」的人，不依附於任何人。

今天如果你突然從地球上消失，對方還是有自己的人生、朋友與事業，他本身就是一個正盈餘的經濟體。而你的角色，應該是助燃劑或加分作用者，再來才是談兩個人的日常相處。有沒有週末小約會、小旅行、認識彼此的家人朋友，以及生活是否有情趣、共同學習新興趣等。

沒有愛可以給，是一種不得不離開的狀態。並非一朝一夕突然不愛，而是有太多的生活、感情事項都牽扯在一起，難以區分。

而你我總是忙著日常生活，忘記趁還來得及的時候，幫自己的感情做個健康檢查。

希望這一篇可以成為一種小提醒，當你翻到的時候，能有新的角度，審視自己的感情資產還夠不夠，不夠的話，現在就試著重新調整腳步吧！

| Play list |
Sunday Moon-Somebody

男生是如何忘掉一段戀愛？

男生也是有血有淚的動物，
只是有時礙於面子，不能讓妳知道

「難不成男生和女生分手後，忘掉戀愛的方式會不一樣嗎？」

我沒有想過這個問題，直到某次收到一支 YouTube 合作影片的邀約信時，才忽然驚覺，原來這件事在男女之間是有差異的。

首先，想和大家分享精神科醫生，伊麗莎白·庫伯勒-羅絲（Kubler-Ross）所提出的理論——「哀傷的五個階段」（The Five Stages of Grief）。

1.**否認與隔離（Denial & Isolation）**：拒絕承認，自我隔離。類似大腦的阻斷隔離機制，先當作沒發生，就不用面對分手的事實。

2.**憤怒（Anger）**：再來則會因為接受了事實，而在心裡產生苦痛和憤怒，容易將心裡的情緒和壓力宣洩到他人身上，此階段容易對自己或身邊的人生氣，怨天尤人。

3.**討價還價（Barganining）**：開始協商是否有再溝通或協調的可能，這個討價還價的對象可能是前任，也可能是自己。例如：「我是不是再多關心他一些，他就會回來找我了？」、「是不是我戒菸，他就會重新喜歡上我？」

4.**抑鬱（Depression）**：終於認清討價還價是沒有用的行為，開始變得自暴自棄，因為所有的藉口與理由，都已不成立，於是只能誠實地哭泣或憂鬱。

5.**接受（Acceptance）**：回歸冷靜，接受世事無常，有些事努力也沒用，深吸一口氣準備面對下一個階段。

這個理論同時適用於任何失去，親情、愛情、寵物等失去
的悲傷皆適用。在難過的時候，用來自我檢視目前處於第
幾階段，是幫助自己釐清狀態的好方法。有時我們只需要
知道，自己好了沒或是快好了沒。

但這邊想聊的事，相當簡單，是我和幾位女生朋友聊過之
後才知道，她們對於男生分手的印象就是：「當天就去找
兄弟狂歡，喝酒啊！不然就是開始約女生出去約會。」聊
過一輪，對於男生的印象皆是如此，無一倖免。

別人是如何處理自己的哀傷，我不太清楚，但以我的觀察
而言，通常會分為這幾個階段。

1. **判斷（分手後三天內）**：這次是真分手還是假分手？男生
提分手或被分手的前幾天，常會處於一種疑似有事但又好
像沒事的狀況。畢竟吵架鬧分手也不是第一次，前幾次
的狀況裡，女生也是過幾天就傳訊息說：「不然我們再試
試。」這次也沒說什麼明確的理由，搞不好只是鬧鬧脾氣
而已。所以男生在這三到四天的日子裡，對這件事大概也
不上心，還是維持著正常的生活。

2. **詢問（分手三天至兩週）**：如果階段一狀況沒有好轉，三到四天對方都沒聯絡，男生會開始察覺到狀況不對。這時便向周遭的軍師團徵詢意見。問問自己的男生朋友，這種狀況該怎麼處理？問問對方的女生朋友，最近女生有沒有說些什麼？是不是有其他對象了？問問身邊頭腦最清醒的朋友，自己該如何判斷現在的局勢，做出最正確的反應。

這個階段最糟糕的回應，大概就是對方的姊妹淘說：「對，你不要再打擾她了，她跟你沒關係了。」此時男生的警鈴，才會真正大響。

3. **出門訴苦（分手兩週至四週）**：如果確定了對方真的想分手，那麼男生到此時才會展開所謂「印象中男生的失戀模式」——找朋友訴苦，想知道這段關係到底發生了什麼事。而男生們相約，很少是單純的聊天飯局，通常要不在熱炒店要不就在居酒屋，或任何有酒精存在的地方。男生和男生聊失戀約在咖啡廳，太奇怪了。此時，通常只會約自己信任或親近的朋友，以訴苦為主，還沒有想認識新朋友，因為極有可能講一講就爆哭，總不會想讓剛認識的女生看到自己失態的樣子吧！

4. **狂歡（分手三個月內？）**：確定自己負能量發洩完畢，上
   一段感情確定沒救，男生就會進入派對模式，任何邀約、
   大撒幣，來者不拒。「本來打算用來結婚的存款，隨便
   啦！花掉花掉！」、「儲蓄險拿去解約，換車！花掉花
   掉！」想看到一個男生最狂的時候，就是現在。因為他要
   證明「老子沒有妳也可以過得很好！」所以買錶、買衣
   服、換車、換髮型都會在這個階段發生。**而這也是男生最
   想認識新對象的時候，因為他需要知道自己還有價值，自
   己還可以喜歡上別人。**

在此也要勸勸女性們，若妳目前的對象看起來還在狂歡模
式中，買了一堆新東西、換了一堆新造型，他可能還在摸
索新版本的自己。**這時對妳產生的好感或愛戀，可能並不
是這麼的純粹，當中也許包含著「男性尊嚴的自我實現」，
他想證明自己還辦得到某些事，可能並非妳想談的戀愛。**

若大家想討論回心轉意，想知道何時與男生復合是最佳時機，建議最晚在階段三好好談談。

進入了階段四，男生真的像是脫韁野馬，一衝出去就不再回頭。還有可能惱羞成怒的說：「我現在開始變好，妳又回來了？到底想怎樣，我現在對象超多，才不想理妳。」他沒說的是，在前面三個階段其實哭得要命、哭得死去活來，礙於面子拉不下臉，這階段復合的難度會提高不少。

寫這篇只是想稍稍揭露，**男生其實也有自己的失戀歷程，並非只有結尾階段，一直找朋友出門狂歡、買醉認識新女生，只是那些抱頭痛哭的時刻，他們不好意思講出來。**

| Play list |

BAEKHYUN-Cry For Love

不明不白地開始，
就會不明不白地結束。

一開始就什麼都沒說好，什麼都沒答應過彼此，
現在又有什麼立場去討價還價呢？

你曾談過這樣的戀愛嗎？我和她好像也沒有說在一起，只是習慣了兩個人一起吃飯、一起看電影，後來不知不覺，就在一起了。

一開始是下了班，剛好都要搭同一條線的捷運回家，習慣約好一起走。發現彼此的家都住得離公司遠，車上有很多聊天的時間。後來漸漸習慣彼此陪伴，等對方下班，等著等著，連晚餐也一起吃，兩個人可以分食小吃店的小菜、交換口味，也蠻好的。

後來，我受不了上班路途遙遠，買了一台二手車，她就成了我副座的乘客。很多後來，我家裡就多了一塊屬於她的

位置，從一起下班變成一起上班，從同事變成了伴侶。

他們說日子久了，走得近了。
他們說靠得緊了，不就親了？
所謂交往，不就是這樣嗎？

我和她，好像誰也沒有向誰提在一起，只是某次她說心情不好，不想自己一個人待著，所以在我家過了一夜。再隔週，颱風天風雨很大，她拎著一袋泡麵到家樓下打給我，說這個颱風天就一起過吧。於是，洗手台上多了一瓶洗面乳，牙刷架多了粉紅色的牙刷，再到門口多了兩雙我不穿的厚底拖鞋，後來她順便也把我的拖鞋換了。原來，她已經有了更換我拖鞋的決定權嗎？

而每次被朋友問起，卻都不知道如何回答。看著對方的表情很倔，也沒有要先承認的意思，好像誰先承認誰就輸了，於是每次都含糊帶過。

「沒有誰追誰啦，就相處起來感覺不錯。紀念日？我們沒有什麼紀念日耶！」

認真要我說喜歡她什麼，似乎也說不上來。總覺得比起談
戀愛，更像是撿了一隻流浪貓回家。她眼睛大大、看起來
楚楚可憐的。後來想想，疑似在我心裡正式承認我們的關
係之前，她好像就搶先認定我是她的飼主或伴侶。當我意
識到這件事，而想要稍微退後，拉開點距離時，卻已經來
不及了。雖然她也沒比我多付出些什麼，但總感覺如果這
麼做，我就會變成壞人。**就像每隔兩三天，我都會拿著貓
罐頭，試著想去收服野生貓咪，而當某天貓咪已經習慣我
的存在，產生被收編的想法，我卻突然遺棄牠。**

我不是沒有這樣想，只是沒有意識到這件事會發生的那麼
快。如果不確定得到了什麼，是不是失去的時候，也不會
清楚失去了什麼？如果在一起的日子沒辦法確定，那麼分
開的時程是否也無法確定？如果她在我決定離開她之前，
就已經決定要先離開我，我是否能夠察覺？就如同她已經
幫我更換拖鞋那樣，或許我才是被馴養的貓。

六個月後的某一天，她走了。

如同三年前我對戀愛的後知後覺一樣，這次換成我對她想
離開的感覺後知後覺。

我們還是在一樣的公司上班，只是她換去了另一個部門，
半年後我還是離職了。多年過去，在某個共同朋友的婚禮
上遇到，我多喝了幾杯，我問她當時候我是不是做錯了什
麼？她只是微笑對我說：「我從來就沒跟你說過我們在一
起吧？還是你覺得那陣子我們算是在一起呢？」我笑了笑，
沒有回答。

雖然沒說出口，但當時我也的確像是牽了一隻貓回家，誰
會跟貓在一起呢？我只是她那陣子喜歡的住所，但我卻不

曾擁有過她的靈魂。

像是沒簽合約，而被趕出門的租屋客。
像是沒有勞健保，而被資遣的上班族。
像是沒有通知，就直接被刪除的網路硬碟。

明明一開始就什麼都沒說好，什麼都沒答應過彼此，現在
又有什麼立場去討價還價呢？

**若是喜歡不明不白地開始，就會不明不白地結束。因為在
最初，我和你便沒有對彼此承諾過什麼。**

| Play list |
盧凱彤 - 活該活該

放下，
是一種暫時永無止境的練習。

我們講的是與所有記憶與情緒共存，
而不是強迫自己失憶

和對方在自己成長的城市裡同居，是一件浪漫的事情。
住得離父母家遠一點，可以享受另一種額外的都市探索，
有些陌生又有些熟悉。你感嘆著：「哇，原來這區還有這
些東西好吃，以前都不知道呢。」便當店、宵夜、滷味、
拉麵店，台北市的巷弄間，或說每個城市的巷弄間，總是
有這些小驚喜存在。

但後來和那個曾經同居的他分手了，那個區域就好像變成
禁區。人之常情，觸景傷情。也不是說自己好或沒好，大
多時候都只是想著不用沒事找事做，自己煩自己。總之，
能避就避、能閃就閃，反正台北市也不是只有那個地方有
好吃的拉麵店，別自找麻煩。

那一帶在這幾年間，幾個熟悉的路口都是我的地雷區，像騎車或開車會有自動導航模式一樣，身體下意識會避開那裡。但就在最近，和一群新朋友相約的時候，不小心就約在了那附近的酒吧。下樓時還沒想太多，只覺得：「啊，以前來過這間便利商店寄貨，但沒注意旁邊有酒吧。」酒酣耳熱，結束後，大家嚷嚷著要吃拉麵，最後走著走著就莫名回到了以前曾經和別人同居過的地方。

記憶是殘酷的，拉麵店剛好就開在先前所居住大廈的正隔壁。

排隊進店之前，我忍不住走到了大廈門口，看著玻璃門上仍然貼著幾張招租傳單，門口還是放著同一位社區總幹事的名字，以為這幾年時間已經走得很遠，但這一瞬間卻又讓你以為好像什麼都沒有變。你似乎看到自己的身影對著密碼鎖按下密碼，推開門把，搭上紅色的電梯，上樓右轉開門。在那幾年你熟悉到不行，後幾年你完全不曾想起的動作，在靠著大廈門口冰冷柱子上往內看的那幾秒，才發現自己完全沒有忘記過。

時間好長，但也不長；遺忘好難，也好簡單。
我們說過要放下，到底要說幾次才能真正的放下？

二十多歲和別人分手的時候，都習慣要有個轟轟烈烈的儀式感。不管是大醉一場也好，或者是搞消失耍自閉，把自己關起來兩、三個禮拜找不到人也好，當然，最常見的形式，就是在社群上洋洋灑灑的寫下好幾行短詩。前幾天寫得灑脫，後幾天哀怨，諸如：「生命是越燒越短的燭芯，當然我對你的耐心也一樣。到了現在，才明白所謂的放下，根本也不是這些行為能夠解決的，如果可以，那就是你根本沒有愛。」

現在的自我治療變成緩緩的，很難再做到潰堤般的宣洩，因為慢慢懂了我們心裡真正期待的放下，從來就不可能是某天和朋友聊完後，說：「我放下了。」就真能徹底放下。

放下，是一次次不小心聽了某一首歌，又回憶起了某些事。
放下，是一次次朋友又問你們是否真的都沒聯絡，而你笑笑說真的沒有。
放下，是你點開了他的 Instagram 刷了幾眼，又默默關掉。

放下，是你在你們曾經吃過很多次的拉麵店裡，想起上述過去的點點滴滴，喝下另一口湯，接著反覆確認自己是否真的比之前好了一點。

以前的我對於此類的觸景傷情，腦袋會有阻斷機制。在這種
念頭要出現，PTSD（創傷壓力症候群）要復發，嗅到任何
一點點相似氣味，我會馬上勒令自己「停止」、「不要想」、
「馬上關掉這首歌」、「離開這個社群頁面不要看到他」。
因為試圖想維持自己心靈的平靜、生活的安穩，不想再讓
那個已經離開的人攪亂我任何一刻的生活。

但這不就是沒放下嗎？
如果你好了，有什麼好被攪亂的？

後來我得知了這個道理，慢慢的，我會把這種「隨機事件」
都當作是一次次的隨堂測驗。曾吃過的餐廳、很久不見要
找話題的朋友、去過的旅遊地點、同款的香水，什麼都好，
反正想想，你我都不可能把這些記憶與事物的本身，用彈
一個指頭的方式消滅變不見，那不如就接受這件事情吧。

**我們講的是放下，不是假裝沒看見。我們講的是與所有記
憶與情緒共存，而不是強迫自己失憶。**

好與不好是比較出來的，你不會奢望發燒重感冒慢性病，
會在吞了藥的隔天就會痊癒。那麼你又怎麼會要求自己，

失戀的隔天就真的放下了？在康復的過程裡，我們會說：「我比昨天好了一些。」「我比上次回診的時候感覺好受一點了。」放下與不放下，不會是一種 0 與 1 的感受。它更像是一個需要反覆練習的復健動作，隨著你愛的程度以及在一起的時間成正比，愛的越深、放下越難。

放下只能一次一次來，感覺自己一次比一次更好了。

別再逼自己說出：「我放下了！我不想他了！」這根本就是咒語般的存在。

講完之後，還會偷偷在心裡問自己：「我真的不想了嗎？」其實只有不放下的人，才會強迫自己這麼說。還要在結尾打上一顆驚嘆號，表示加強肯定。那些早已康復的人只會說：「蛤？你說誰？那個人啊，不知道耶，沒有聯絡。」

在真正能達到這樣的豁達與灑脫之前，多給自己一些時間。**放下是暫時永無止境的練習，但終究會有放下的那一天。**

Play list

陳奕迅 - 我們

好好相愛不容易，
分開能好好說再見，是種福氣。

**無論是誰，能多勇敢一些些，
告訴對方你早已與過去的自己和解，
也許雙方都能更早放下**

前些年我常在 Instagram 做解憂信的活動。會請讀者寄信到我的 Email 信箱，我會另外回信。會這樣做的原因，一方面是希望能過濾些隨手丟個訊息的問題（諸如：為什麼他不愛我？我要怎麼讓他喜歡我之類？這種你去問神明，神明也答不出來），後來也是喜歡這樣老派的方式，以及希望提問、寄信的人，在下筆時能回顧自己的故事，經過消化後再吐出，而不是想到什麼寫什麼，讀起來與解起來都很費神。

那陣子在兩個月裡面回了約四十封信，雖然內心感到很有意義，但後來因為負荷不來，就暫停了這個計畫，不過這四十多封信裡頭，有一封讓我感到印象深刻。

這封信呢，說解憂也不算解憂，因為我實際上不需要做什麼回覆，我更像是在聽她闡述一個完整的故事、體會她的心力歷程，從遺憾到和解，從揪心到放下。

我第一次收到來信者自己已經接受了結果，並沒要我提供任何的建議，她只是想說說話而已。她是說故事的人，而我是讀者。

✦ ✦ ✦ ✦ ✦

米鹿你好：
我是黛安，二十九歲的台北女生。

我有一個外國男友，在他來台灣玩的時候認識的，他是歐洲人。經過了幾次他來台灣出差、旅遊的相處，我們決定在一起。後來我也去過他的國家，和他的家人相處吃飯。我們原本說好了要在前年底好好相處，我將放下所有在台灣的生活，飛去歐洲和他同居。

但這兩年疫情突然爆發，我們便分隔兩地了，而我的男友一直以來也有些情緒症狀，導致他的工作與生活都不太穩

定，疫情也使得男友對我們的未來有些動搖，於是去年中，我和他便協議分開了。

後來我在台灣也遇到了新的對象，發展一段時間後，我決定和新對象交往。但一直到今年年中，前男友都陸續有傳來訊息。當他試圖拉近關係時，我便盡量冷處理，並告知對方自己有了約會對象。因為我擔心告知對方自己已經有新對象，可能會造成他情緒不穩定。

但直到前幾天，我終於卸下了心防，終於和對方說了自己已經有交往對象的事實，和對方好好說再見。

意外的是，當我傳出這段訊息，竟卸下了心中的大石頭，原以為對方會不讀不回或直接消失在我人生中的時候，沒想到對方卻讀得很快，隨後還連續傳了很多個祝福，甚至說希望他對妳很好，我和他還會是朋友的，也歡迎我和新男友去他的國家找他玩。

收到他的祝福，我很開心，也落下了幾滴淚。
原來他比我想像中的更堅強，或許也比想像中的還愛我吧。

謝謝米鹿，我沒有想要獲得什麼建議，只是單純想和你分

享這一段故事，原來好好說再見沒有我想得這麼難，原來
對方也可以這樣回應我的道別。謝謝你開設了這個管道，
可以讓我的故事被聽見。

黛安

◆ ◆ ◆ ◆ ◆

好好相愛很不容易，分開能好好說再見，是另一種福氣。
看完這段故事，我心中感到很溫暖。

> **她終於和對方達成和解，**
> **同時也對自己完成了和解。**

我一直也這麼相信，很多時候，一段關係結束的當下，總
覺得好像很多事情還沒說完似的，可能礙於情緒，礙於對
於彼此的責任，也許是事情還沒沉澱而看不清全貌，或任
何一方對於過去美好記憶仍有依戀，而捨不得放下，延續
到其後復合的可能，都會構成放不下的源頭。

黛安掙扎的點在於擔心對方的情緒，甚至認為分開後，自

己沒能顧及到對方的狀態而感到愧疚，這是她難以放過自己的地方。這也造成黛安在與前任相處的時候覺得有些扭捏與尷尬，也認為不能和對方聊自己的新戀情，想誠實又放不開，形成對自己的道德責難。

但沒想到在終於坦承說出口之後，對方其實也大方地微笑面對，原來擔心半年多的事情，竟能被理解與接納。

看到這樣的結果我不禁微笑，我也輕鬆了（本來開頭讀著讀著，還以為信件中段會出現什麼驚天動地的大反轉）。

但可惜的是，在大多數的狀況下，我們很少能知道對方到底痊癒了沒，甚至也沒有一個能告訴對方，自己已經康復多少的方式。

如果分開後的兩方，無論是誰，**能多努力一些些、多勇敢一些些，告訴對方你早已與過去的自己和解，也願意相信對方正在復原的路上，也許雙方都能更早一些放下或更早一些釋懷吧！**

深呼吸一口氣，下一次好好說再見。

| Play list |
林宥嘉 - 想自由

輯五

痙瘉，我陪你從頭再來一次

成為第一個愛你的人，
你就是自己的光。

所謂的愛自己，就是認識自己，擁抱自己的一切

想聊聊這本書從發想到完成的過程。

我的第一本書到底想寫些什麼呢？希望是大家感情上遇到瓶頸時，不論是放不下前任、交往過程中有問題、不知道如何選對象、分手了，都可以翻翻這本書，希望能讓你找到轉念的方法和答案，就像獲得一個溫暖的擁抱。

我甚至連封面都想過，還為此抽過塔羅牌。抽到的是大阿爾克那的月亮牌。它是三張一組，星星、月亮、太陽，是同一個小組，有些人會解釋為從黑夜到白天的過程。一開始只有星星的微光，後來看見月亮高掛，最後才等到太陽升起。

月亮這張牌，是兩隻狗正對著月亮吠，中間有一條漫漫長路。可以引申為對於黑夜的不安全感，或不理解月亮的光芒而感受到恐懼，但我有另一種不同的解釋：「你已經度過最黑的夜，可以看見月亮的微光了。眼前浮現一條道路，周遭有點黑，內心忐忑不安，但你依然試圖前進。」

原本的設定是這樣，我想讓這本書成為陪你走過凌晨四點到日初，這段時間中的小小光芒。你已經試過很多方法了，知道自己快要痊癒，但還需要一些些力量，一點點提醒，那麼我願意陪在你身邊。

後來經過反覆的思考，「陪你成為自己的光」這個概念才漸漸浮現。

將原先的概念往更深層去探索，才知道我真正想做的，不是當救援隊或伸出援手的那個人，不是當一顆隨傳隨到、發光發熱的行動太陽，而是邀請你，成為能夠溫暖自己的光。

問問你們，到底什麼是愛自己？愛自己的第一步是什麼？這個答案，當然會隨著自己的成長而有所不同。但對現在的我而言，**所謂的愛自己，就是認識自己、懂得照顧自我、**

覺察自身的情緒，能夠和自己對話，給予自己需要的關愛，擁抱自己的一切。理解每個人原本就各有優缺點，當然，你可以適時的自我反省，但反省前，先告訴自己這些好與壞，就和天氣一樣，有時天晴有時暴雨。這也是本章節想討論的主題：療癒自己。

或許從前我們太習慣向外求援，向朋友訴苦、向家人訴苦、向另一半訴苦，忘記了其實最應該聆聽你聲音的人，是自己。下次，當你滑開手機，傳送訊息給朋友之前，先試著停下來五分鐘，好好聆聽內在的情緒和需求，而不是直覺的「詢問別人，告訴自己該怎麼做」。

他人的意見只能做為參考，最了解你的人，永遠都是自己。如同這本書一樣，提供了一些想法，其餘究竟該怎麼做，還是要回歸到自我身上。

現在是月亮正亮，路途漸漸明朗的時候。
照亮你的不是別人，當你成為第一個愛自己的人時，
就能照亮自己。

| Play list |

五月天 - 彩虹

此刻的你，是由過去的你堆疊，不等於你明天的樣子。

否認自己過去的人，同時就是在否認自己

有些朋友在歷經幾次失敗後，便會開始陷入自怨自艾的狀態，接近所謂「我就爛」的概念。像是「我總是會遇到渣男」、「我這輩子就是不會遇到好的對象」、「我的戀情都不會超過六個月」等，這種因為過去的不幸或結果，而形塑出來的經驗法則，反而將自己限制在某些惡性循環之中。

這邊也沒有要談論吸引力法則，像是：「你要先想像自己很好，好的人才會被你吸引。」已經覺得自己不好了，該怎麼欺騙自己「我很好」？這不是要讓人對自己催眠洗腦嗎？

上一篇所討論的，是必須先成為第一個願意對自己伸出援手的人。第二步，要談的則是「接受」，接納自己的現狀

和任何樣子，並且知道這是我「目前」的模樣，但不等於我「未來」只能是這個樣子。

有一種心靈雞湯提供的調整方式，是讓自己重新開機、系統重設，直接洗掉所有不愉快的回憶與過往，好像在某個時間點過後，瞬間就能變成一個嶄新的人，和過往的包袱毫無關聯。

就像玩遊戲一樣，把上一局關掉，這局重新開始。

但我不太喜歡這樣的作法，好像在心裡建造了一個永不見天日的小房間，把所有的不愉快都塞進去。如同整理家裡時，只是把不想看到的東西都塞到某個櫃子一樣。看不見不代表不存在，只是用某種手法讓自己「意識不到那個東西存在」而已。當然，某些時候這可以當成是一種過渡，不得不先緊急止血再求康復。

若想好好運用心房的空間，收納更多的愛，
終究還是要把眼不見為淨的垃圾清理掉。

舉個簡單的例子。

妳在過去三十年中都是長頭髮，但從來沒有人規定妳只能留長頭髮。而因為妳本身是長髮，所以大多遇到喜歡長髮的男生，某些程度上，把喜歡短髮的對象拒於門外了。但不代表之後剪了短髮，短髮控都不可能愛妳吧？

如果願意嘗試，此刻的你雖然是過去的你所堆砌而成，但並非百分之百決定你明天的樣子，我們永遠都擁有主導自己人生的權利和改變的空間，這是時間給予最好的禮物。

同時，我也信奉著一條宗旨，便是「否認自己過去的人，同時就是在否認自己。」

能有現在的人格、價值觀、成就、甚至是長相，絕對是來自於從小到大的每一步，與所有微小的選擇，如同我坐在這裡寫下這本書，也讓你遇到了這本書。

人生就像是層層堆起的積木，由無數個小積木塊構成了現在的你。若把其中一塊抽掉，那麼在未來的某時某刻，你的信念必定會歪斜或碎裂，進而導致整座積木塔崩塌。

那麼，未來該怎麼改變？

我們該做的是修補與調整，如同疊疊樂可以透過不斷的輕敲，去修正積木歪斜的位置，反覆審視積木塔的架構，不穩的地方就想辦法找一塊積木補足，進而在腦中建立屬於自己的思考系統。從腳到頭，都朝著「你最喜歡的自己」邁進，有了這樣的信念，這個人會不夠強大嗎？他能夠確信說出口的每一句話，真心明白自己為了什麼去做每一件事。

這是現階段，我最想成為的人，同時也是我的目標。追逐夢想和愛人亦是。

別忘了明天也是持續的累積，人生就是一場不斷疊積木的過程。就算現在只蓋出了一個無聊的長方形，數年之後，還是有可能把長方形修成台北 101。接受過去，開始設定明天理想中的你。

可以花一段時間好好整理自我，但務必先整理好之後，再開始疊新的東西上去，無論你想變成什麼樣子都是，否則只會累積越來越多的衝突與矛盾在身上。

講完了我的積木理論，其實我最初想要表達的，是「現在妳認為自己是個總是遇到渣男、感情失敗的人，那都只是妳過去的經驗，但不代表妳明天也會遇到渣男。」

還是要相信愛情啊，混蛋們。

| Play list |
魏如萱 - 還是要相信愛情啊，混蛋們

愛情是生命中最誠實的鏡子，反映著你的模樣。

你有辦法和自己談戀愛、和自己在一起嗎？

「你知道什麼是『雙生火焰』嗎？」一位剛認識不久，有在接觸身心靈課程的朋友問我。

我搖搖頭，表示連聽都沒聽過。「雙生火焰」聽起來很像是漫畫裡面主角的招數，可能是兩顆火球纏繞在一起往前發射，又或許是各自有自己的意識，還是陰陽屬性各一。

簡單來說，「雙生火焰」是指一種靈魂的狀態，若靈魂有個源頭，那麼地球上所有的靈魂，都是經過無數個分裂而來。而所謂的「雙生火焰」，就是離你最近的靈魂碎片，理論上，他最接近你靈魂的狀態。或者用另一種很簡單的方法說明，就像是電影《哈利波特》中提到的「分靈體」。

你的「雙生火焰」，是某種狀態上最接近你的人，你們可能有莫名的默契。明明在某個時間點之前從來沒見過面，卻在生活軌跡與喜好上高度重疊。當別人問你們最喜歡的歌手是誰？你們同時回答：「最喜歡比爾 · 艾文斯（Bill Evans）跟少女時代！」一個是年代久遠的美國爵士鋼琴家，另一個是天差地遠的韓國女子組合；又或是小時候特別喜歡吃辣，但過了二十歲之後完全不吃，這種奇特的生活小改變等。

聽起來很玄妙，但請你閉上雙眼想像，如果你遇上的「雙生火焰」剛好是異性，會發生什麼事？大概沒人抵擋得了這樣緊密的情感連結吧！

「哇，他聽音樂的口味怎麼跟我一樣奇怪。」
「哇，他連吃東西的習慣都跟我一樣耶！」
「哇，我從沒遇過這麼聊得來的人。」

最後就會變成：「哇，他是我遇過默契最好的人，好像什麼都不用做也不用說，彷彿認識了一輩子，難道我命中註定的對象就是他嗎？這也太神奇了吧！」於是，開始昏頭、陷入戀愛。

接著讓我們思考關於「雙生火焰」的另一個問題：「我可以跟『雙生火焰』談戀愛嗎？他就是我這輩子對的人嗎？」

你可能會想，這有什麼不好？超有默契、生活習慣也相近，應該每天都有聊不完的話題，彼此也能互相配合調整感情步調吧？如果故事是這樣的話，哈利波特應該會跟佛地魔牽手去統治世界，不是彼此對抗。

接下來，我們將進入更深一層的探討。

你有辦法和自己談戀愛嗎？
你有辦法和自己在一起嗎？

先假設「雙生火焰」就是另一個臉孔不同的自己。於是，你感受到絕佳的默契，被那些共同性打動，但漸漸的，可能會發現，在你身上的優點他都有。但在你身上的缺點，他也完美複製。

比方說，我是個出門會拖拖拉拉到最後一刻的人，出門後又會忘記帶東西再走回家。當我今天好不容易已經回家一趟，帶著伴手禮再度出門走到捷運站時，身旁的「雙生火

焰」說：「啊，我忘記拿化妝包了，我可以回去拿嗎？」
此時你會不會瘋掉？他完美地複製甚至是放大了你的缺點，
猶如經驗老到的舞台劇演員，完整重現。

第一層，是發現相似的靈魂。
第二層，則是發現這個靈魂，更像一面鏡子，重演著你的
一切。

你有辦法和自己最受不了的一面好好共處嗎？這也是我與
朋友在聊天過程中，說到：「雙生火焰很容易在一起，但
也有可能輕易分開。」當然可以選擇試試看，看你對自己
的耐心到什麼程度，也就是「我們到底有沒有辦法接受自
己？包含一切優缺點？」第一層是見證了自己的好，因為
你欣賞品味和自己一樣的人，覺得被理解、被肯定，也找
到了同好。但第二層就像是靈魂拷問，你看著他，彷彿看
見自己如何與這個世界互動。

所以有人說：「**雙生火焰」與其說是注定的伴侶，倒不如**
說是人生的課題，他會逼著你面對自己。而在戀愛中，你
找到的究竟是一面鏡子？還是和你完全不一樣的人呢？

從這樣的角度來看，若我們能回顧上段戀愛中的自己，所
埋怨的、不理解的到底是什麼？或許便可以建立全新的視
角，就算對方不是你的雙生火焰，但某種程度上，伴侶生
活在一起越久也會變得越來越相似。

那些在伴侶身上看不過去的點，解不開的議題，會不會正巧是我們自己的課題？

因為我愛拖時間，所以他也變得跟我一樣愛拖時間，最後
變成我反過來因為他拖延而生氣？其實我們在伴侶身上看
見的問題，全都來自於我們自己。

所以和解這件事，終將回歸到自己身上。就算以為上一段
關係已經完美收尾，但我們和自己的關係，還是需要花心
思跟力氣去好好修復。

在這邊也分享另一個有趣的心理學觀念，叫做「鏡射理
論」。

意思就是人會在潛意識中，對和自己做出相同動作的人產
生好感，或是下意識的認同：「他和我一樣，我們都是自

己人。」例如商業談判時的對象，如果很愛摸下巴思考，你就學他反覆摸下巴，那麼他對你的好感度就會提高，順利合作的機會也能跟著提升。

「鏡射理論」也有些類似「雙生火焰」，再次印證人都會被和自己相似的人所吸引。所以才說，愛情是生命中最誠實的鏡子，它反映著你是什麼樣的人。

那麼，在愛別人之前，你夠愛自己了嗎？和過去的你和解了嗎？

註：本篇的「雙生火焰」純粹是個人理解，不代表任何專業知識與立場。

| Play list |
Cold play-The Scientist

天空都會突然下雨，為什麼不能某天沒來由的不開心？

給生活一點彈性，接受自己「突如其來的不快樂」
一起練習放過自己吧！

人類圖這個神祕學系統，將人分為四大類，其中一類叫做「反映者」。反映者是個很特別的設計，他們每二十八天為一輪循環，每天的能量、性格都是不同的樣子。

至於為什麼是二十八天呢？因為一個月亮的完整週期是二十八天。人類圖中，就屬「反映者」特別會被月亮的週期強烈影響。除了反映者之外，人類圖還有另外一套說法是，有些人會有自己固定的情緒週期，也就是說情緒中心有定義的人，固定有幾天的情緒處於高峰、另外幾天處於低谷。低谷的那幾天，一起床就會容易感到沮喪或不開心。

以前也曾有過某天心情突然很差，或缺乏工作動力的時候，

但我會逼自己坐在電腦前，多喝一杯咖啡，硬是將工作做完，或是努力趕上進度。

但自從我接受這樣的概念之後，就能以超然的態度，看待自己心情的高低起伏。甚至連工作也是，許多粉絲會問我：「如果你的影片拍出來，很少人看怎麼辦？」以前我會回答：「做好調適、努力做自己喜歡的事就好。」但現在會說：「那也沒關係啊！做這份工作不就是這樣時好時壞的嗎？把自己想做的事做好最重要。」很奇怪，明明從頭到尾都做著一樣的事情，用一樣的態度去面對每一支影片，但粉絲的回饋就是會有變化。有時甚至一、兩年前的影片，觀看數會突然爆增。

沒有人可以控制任何人的想法，面對一切的成功與否，也不應該有所預設。

這裡指的包括工作、事業，甚至別人是否會答應你的邀約，你能不能成功買到高鐵票等。從來就不該預設自己：「今天的你，也是可以用力工作燃燒生命的。」記得嗎？我們要成為自己的光，成為第一個對自己理解和包容的人。

如果我們可以接受同事、同學臨時有狀況無法赴約，或者某天身體不舒服而工作效率低下，那為什麼不能對自己也如此包容？有了這層轉念之後，突然驚覺，過去對自己到底有多嚴格苛刻？

是啊，我們接受一年當中會有四季，接受月亮有陰晴圓缺，接受天氣有晴亦有雨，就算氣象預報只有 5% 的降雨機率，最後竟然下雨了，也只能摸摸自己的鼻子，走進便利商店買把傘。

但我們卻很難接受自己某一天起床後，沒來由的心情不好。

強迫自己照時間表完成所有工作和預定的行程，逼自己強顏歡笑的進行所有必要的社交，回家後累得要死，卻也不和自己說一聲「辛苦了」，最後又報復性熬夜或逼自己一秒入睡。

如同雨天買傘一樣，我們可以試著「接受自己突如其來的不快樂」，幫自己找到應對的方式，不論是給自己一點彈性，早點回家也好、吃頓喜歡的晚餐也好。甚至，若想多做些準備，也推薦大家以三十天為週期，記錄自己的「情

緒週期」，也就是建立屬於自己的心情氣象預報，若知道哪幾天特別容易不開心，那你至少預先在包包放把傘再出門，無論今天是否會下雨，有備無患。

心情是每個月的小循環，若是把循環放大到人生的起伏、幸運與否，就會變成每隔幾年一次的流年大運是如何。
生命就是周而復始，如同每天有日出和日落。

有幾天特別想談戀愛是正常的，有幾天想念起誰是正常的，有幾天格外感到孤單也是正常的，一起練習放過自己吧！

/ Play list /
Sampha-（No One Knows Me）Like the Piano

別忽略心裡的小聲音，
可以欺騙別人但請對自己誠實。

在下意識的忍耐與逃避之前，觀察自己的身體和心靈，傾聽自己內心的聲音

這幾年的時間裡，接觸了各式各樣的身心靈工具。不論是東方還是西方，從占星、卜卦到人類圖等，只要是對身體無害，我大多願意試試看。但在二十八歲之前，我根本不相信命理這種東西，深信好好做人就好。

但人生就是這樣，當遇到了連自己都無法解釋的事物時，就會開始往陌生的領域尋找答案。

拍了很多和命理相關的影片，總有朋友或觀眾問我：「米鹿，這個算命到底準不準？你信嗎？」說實在，不一定。但有一種類型我絕對相信，那就是我們給自己的信念、由自己給出的答案。

例如：人類圖可以透過系統化的方式，歸納或實驗你生活中所遇到的事情，改善你與他人相處的方法；透過塔羅牌的圖像，能和自己的潛意識溝通。

我相信的，是我給予自己的訊息，我只相信自己能理解的系統，這些會讓我感到踏實。畢竟如果連我都不相信自己，那麼活著又有什麼是可以信賴的呢？

後來除了算命，也接觸了瑜伽、冥想、甚至是練習放空。以上這些方法，都有部分的共通點，就是讓人回歸到自己，練習和自己對話，聽聽自己內心想說些什麼。

冥想是件很有趣的事，很多人說冥想就是放空，什麼都不想，但對我而言，**冥想是有意識的練習讓自己什麼都不想，或是把「想」這個念頭關掉**，而非毫無意識的什麼都不想，像是從前上數學課，聽老師講課講到分神的放空。

真正進入冥想之前，會發生什麼事呢？在到達出神或接近半入睡狀態之前，會有一段我稱之為「梳理」的過程。當一天接近尾聲，你打開瑜伽墊，或坐或躺，什麼都不想，而不是點開另一部 Netflix 推薦給你的劇，此時你會發現，

原來我們腦袋還有這麼多事情要思考。

現代人的一天，充斥著各式各樣的複雜資訊，工作的訊息、路上的廣告、從各種渠道跳出來的手機通知，我們無時無刻都在「消化」這些被輸入的資訊。當你有個開關「阻斷」訊息的輸入時，這時才是我們內心想法「浮出」的時刻。

於是在這個過程中，第一層，會浮現我接下來即將要執行的計畫，或是還沒處理完的工作。第二層，會浮現今天我能處理得更好的一段對話，如何更巧妙的應對進退。再來第三層，則可能是我近期在面對的階段性議題，也許是感情狀況，也許是自我追求，或自己未來的發展方向等，比較深層的議題。

思緒通常是一層接著一層，一段接著一段。可能今天你想到了某一家餐廳好久沒吃，接著就想到上次是跟誰去吃，再來是跟那個人的關係，而我和他們之間有沒有未解決的事情。

自從接觸冥想之後，很多想法就會這樣莫名而來。這些想法透過某種生活上的連結，被自己從潛意識深處挖了出來，它不再是無來由的存在，自己已經掌握了可控制或觀察這

些想法誕生的方法，在面對千頭萬緒時，便不再那麼恐慌。

而透過冥想，自己與身體都會知道我們現在是否處在「舒服」的狀態。就像你吃到了某些東西，身體會告訴你「這讓我不舒服」，進入某個不對的餐廳或飯店，身體也會抗議，這是抑制不住的本能。你可能會過敏、會氣喘、皮膚會癢。就像前面所說，若你連自己的想法都不相信，那該相信什麼？身體給你的訊息也是。

在某一段感情裡，我發現自己有個很糟糕的習慣動作。

就是當我受不了，想要生氣或覺得不爽的時候，我會深深吸入一大口氣、憋著三秒、吐氣，告訴自己要冷靜下來，但這動作會伴隨著一股胸悶、氣被卡住的感受。**這樣的感受其實極度不舒服，但在那段關係裡，我以為這是我讓自己冷靜下來的方式。**

那幾年間，這個動作成了我日常生活的習慣之一，但說也神奇，自從我離開那個人之後，這個動作從此消失在我生命當中。包括後續和其他對象交往也不曾發生，直到此刻寫書才想起這件事。**那也許就是身體給我的徵兆和反應吧**？

身體正在告訴我，我沒有那麼舒服，我不應該忍受這個。

如果你忽略了每個戀愛中的爭吵與不舒服，就是選擇欺騙自己對愛的需求。

在下意識地忍耐、爆發、吵架、逃避之前，先觀察自己的身體和心靈，你現在正在想什麼？你想告訴自己什麼？

傾聽內心的聲音，那是來自你自己，最誠懇的訊息。

註：對學習冥想有興趣的朋友，推薦安迪‧帕帝康的著作《Headspace 冥想正念手冊》。

幾個試著讓自己
打開心房的方法。

也許沒辦法馬上成為我們心中的「好」，
但至少正往那個方向前進

我曾拍過一支影片，叫做「保證『走出失戀』的五個方式」，
那是在我心情非常低落的時期所拍攝的。當時的我，極力
想讓自己走出某段感情，採用了一種接近自虐又理性抽離
的方式，在看待自己失戀這件事。

還記得，我當時在家擺爛了好多天，像一坨爛泥一樣，起
床就一直滑手機，滑完追劇追到背痛，隨便吃點東西就睡
覺。直到某天我告訴自己，真的不能再這樣下去了。我起
身坐到電腦前，開始搜尋、研究、下單買書，最後幫自己
歸納出一套復健計畫，幫助自己從失戀之中走出來。

這本書從第一頁走到這裡，已經是個康復的過程，不過在

最終章，我想提供一些額外的方法，讓我們再多邁出一步，變得更好一點。

首先，試著釐清失去一段關係後，你究竟失去了什麼？
1. 親密接觸
2. 陪伴者
3. 歸屬感
4. 生活重心
5. 大腦刺激
6. 玩伴

這是把所謂的「伴侶」，進行功能性的劃分。

打開心房的第一步，必定是先讓生活重新回到正常運作的軌跡。失去愛人之後，物理上能做的，除了隨便找一根浮木把自己撐起來亡羊補牢之外，就是把伴侶的功能性拆解到不同的朋友或社群上。以下提供幾種解決方法。

1.親密接觸：除了自己解決，也許能嘗試找尋性伴侶，但也或者你沒這需求。
2.陪伴者：養隻貓咪或者種幾盆室內植栽，甚至是回家住一

段時間，都是好選擇。

3.歸屬感：更投入工作，或是加入教會、讀書會、參加固定的公益活動，讓自己有個能感受到付出，以及被需要的團體，重新建立起自己與別人、與群體之間的關係。

4.生活重心：你投入時間的地方，能幫助你找到歸屬感，可能是學習一門新的語言、投身於新的興趣、新的樂器、新的運動，像是健身就滿好的，能讓你快速看見自己的改變。重點就是要讓你覺得充實，而且有回饋感。

5.大腦刺激：讀書、追劇、看 YouTube 影片，或是找到生活重心，學習新事物，個人推薦大量閱讀與塔羅牌，神祕學永遠研究不完。

6.玩伴：不用多作解釋，就是陪你玩樂的人。總要找個人陪你吃火鍋、看電影、逛街吧！好的玩伴不用想太多，陪你玩就很好了，這也有助於你認識新朋友。失戀都這麼難過了，就別想什麼出去玩好浪費時間，還不知道聊什麼？你們就是出去玩的朋友！如果能一起玩又聊得來？那就在一起啊！

經過這樣的拆分，讓情感需求與生活需求（甚至生理需求）有了依歸後，若還覺得不夠，又或者你認為要分辨這些事

情太過麻煩，那麼下面還有五項讓你打開心門的方法。

1. 不帶任何目的交朋友：你永遠無法預測一位新的朋友會帶你去到哪裡，或是透過他會認識什麼樣的人。我非常了解在有另一半的時間裡，交友比較容易受限。可能是因為要避嫌不認識異性，或是生活早就被各式各樣的事情填滿，根本無暇交友。是的，讓我們重新練習交朋友，並不是認識任何一個人就要跟他交往，也不是必定要跟他有商業上的往來，只是聊聊天、說說話而已。

我以前很討厭交友開頭的自我介紹，但現在我會認為，那是幫助我重新審視現階段自己的過程，每交一位朋友都是新的練習。

2. 對任何的邀約說好：和第一點類似，我們習慣拒絕交新朋友就和拒絕老朋友麻煩的邀約一樣。我是個不太喜歡參與戶外活動的人，舉凡露營、爬山、開車去海邊等，全都很懶得參加。但有時生活圈僵化，被自己的固定習慣給制約，也就是「你都只去固定的地方，當然只會遇到固定的人」。所以試著對朋友的邀約說「好」，連誰會去都不要問，就把整趟邀約當成是一趟未知的驚奇之旅吧。

3. **一週讀一本書（任何書）**：書永遠是與人聊天時最好的談資之一，沒有人會拒絕和你聊一些新知識。這會讓你顯得有點聰明，同時又不用涉及到太多私人事務，和人一見面就聊自己失戀總是不太好。如果真的不知道該做什麼，那就每天讀一本書吧！個人推薦心理學類型的書籍，因為此刻的你就是最佳的應用典範。

4. **努力和別人多聊三句話**：不用多，三句就好。有些人偶爾會不知道該怎麼聊天，但會讓你多擠出三句話的理由，是「讓別人有機會可以跟你聊天」。若別人想跟你多說幾句，那真的需要你多給一些線索，才能接著聊。試著把自己的句子說得長一點，完整一點，多描述前因後果，以及你這樣做的動機和原因。

如同我去剪頭髮，遇到一位新設計師，他問我：「你有用髮蠟嗎？」
我沒大腦的回答版本：「最近沒有。」
但其實我腦中想的是：「以前用過，但後來喜歡自然一點的髮型，所以就用吹風機吹蓬鬆之後，直接用定型液，我喜歡看起來輕盈一些。」

這樣對方就會接收到我對髮型與整理的喜好，後續也提供我更多的整理資訊。

5.**讓你的今天比昨天更好一點**：在前幾年的時間裡，這句話像是我的座右銘或中心思想一樣，陪我度過了很多不容易的日子。這句話看起來容易，但又沒那麼簡單。像在說著，我對你的要求真的沒有很多，**你只要比昨天好「一點」就夠了**，只要讓你的今天比昨天改變一點點就好。這是讓我感到很溫柔又很有力量的話。

日常生活的改變沒辦法一蹴可及，我們並不容易看見變化的軌跡。今天和一個人多說三句話，多答應一個朋友的邀約，真的能讓你改變什麼嗎？或許沒有，但你知道自己正在嘗試，正在努力了。

也許沒辦法馬上成為我們心中的「好」，但至少正往那個方向前進，這就是最重要、也對自己最溫柔的鼓勵。

最後一點，也是這一篇的結尾。

有時候我們會花太多時間在思考自己好或不好，甚至認為自己沒有到達某個狀態的標準，就認為自己還在情傷裡，不適合認識新朋友，還沒有準備好。

然而，變好本來就是個漫長的過程，如同「放下，是一種暫時永無止境的練習」，「變好」或說「康復」也是一段時間的狀態，而不是經過某個特定的時間點，你就知道自己好了。

所以放輕鬆吧！來到你面前的朋友，不一定會帶著掃射雷達反覆觀察你到底復原了沒？也許他發現了你身上另一個從沒發現過的特點，正在偷偷欣賞著也不一定。一起練習打開自己的心房，只有一點點也沒問題！

/ Play list /

Sofine Pamart-La Havane

真愛，是遇到讓你相信
原來真愛存在的人。

所謂的真愛，你們想做的事情不一定相同，
但必然有些理念或使命能互補

我始終都認為，人都應該相信完美戀愛的存在。

世界上一定會有某個人，能完美符合你對戀愛的想像和要
求，只是他或她可能還沒出現。

聽起來很樂觀、很夢幻，我曾有一段時間也是務實派的戀
愛研究家，認為這種屁話，只不過是一種安慰劑，用來吹
泡泡鼓勵大家好好活下去。反正人一生必定孤獨，戀愛只
不過是湊合，得過且過就好，和某一陣子很討厭影劇裡的
粉紅泡泡跟完美結局一樣。

但近年又覺得，生活若都這樣想，真的太苦澀了。做人還

是對未來抱有希望，相對會過得快樂些，也開始懂得欣賞
那些快樂結局。

生活已經很辛苦，看個劇輕鬆點不好嗎？談戀愛當然也是，
與其抱著人生註定苦澀或孤獨一人的想法，去追求一段預
期六十分、得過且過的戀愛，倒不如期盼一百分戀愛的出
現，日子會比較快樂些。

如同偶爾會被問到的問題：「米鹿，你覺得真愛是什麼？
怎樣的對象你會和他在一起？怎麼判斷他是好的伴侶。」
這個題目很大，若真要完整回答，也許要拍上幾小時的影
片，而且根據每個人的條件與目標不同，所謂「好」的定
義也各自迥異吧。

完美愛人，是兩個人經過長期的相處跟感情培養後，才能成
為彼此的完美戀人。大家都知道感情要經過「長期相處」，
才能確定對方是不是適合自己的對象。但偏偏我們在告白
與交往前，都不太可能有所謂的「交往試用期」。所以，
你該如何判斷眼前這個人是不是完美愛人？這一題讓我卡
關了許久。

終於，我想出了一種共通的答案。

所謂真愛，是這個人可以讓你在他身上看到未來。可以想像，你們的生活有著相近的軌跡，你們攜手度過各自的人生。

簡單來說，是你在他身上看到了「可預期性」，他不一定要在此時此刻是最完美的狀態，但你能透過某些細節，揣測出你們共同未來的狀態是好的。

這些細節，可能是他的世界觀、愛情觀、價值觀或他的交友圈，以及他的待人處事與生活方式。讓你可以想像在未來的生活裡，他能持續和你一起探索世界，互相扶持。

你們想做的事情不一定相同，但你們必然有些理念或使命能互補，否則在一起有什麼意義？

舉例來說，現在我最大的使命感是：「透過分享我的創作與體驗，幫助與帶領相信我的人和我一起變好。」若我的另一半喜歡創作、探索自我、慈善、公益、幫助他人和關注社會，我們就能處在共同前進的軌道上。

也許現在尚未實現心中的理想，但我們正在路上。也因此你能想像彼此的生活型態，所接觸的事物大概是哪些。拿我前面的例子來說，若真有這樣的另一半，我們必定會花許多時間接觸人群、舉辦活動或參加活動，也需要獨立的創作時間，以及創造實現自我理念所需的系統。不太可能

想像有這樣目標的人，成天只會黏著另一半。

他不必此時此刻就是完美愛人，要直接遇到一個完全符合想像的對象，相當不切實際。

該思考的是，**你願意相信這個人在未來的三十年間，可以跟你一起朝完美的想像前進嗎？這是我現在想到的真愛。**

而至於為什麼是三十年而不是一輩子，是因為我認為三十年就夠長了，已經很幸運了。

若真能一輩子，那是超越幸運的幸運。但對我來說，能共度同一段路程三十年，夠好了。
記得嗎？若三十年到了，我也願意好好說再見。

| Play list |

Stephanie Portri & 王嘉爾 -I Love you 3000

走到這，恭喜你變強壯了。

**永遠別怪罪自己為何不會談戀愛，
如同不該怪罪為何不懂得愛自己**

這是本書的最後一篇。

從第一頁到這裡，希望透過每一個故事、別人寫給我的訊
息、我個人的經歷，陪你重新審視一次自我，重新審視任
何一段你想要反思的感情。

寫這本書不容易，就如同你讀這本書也不容易，這是一趟
反覆把自己早已結痂的傷口撥開檢查的過程，而且是每個
階段都分開拆解。

從對自我的接納，到釐清曖昧中的應對進退與得失心，到
彼此許下承諾後，我們是否習慣對彼此綁架，帶著過多的

想法去控制對方？再來到讓自己放下的方法，最後則是好好痊癒，好好愛自己的練習。

我會形容這本書是一面多稜鏡，試圖用各種角度去映照，看看我們所糾結的痛點究竟在哪裡。「如果不知道問題出自何處，那就從頭到尾都再檢查一遍吧？」抱持著這樣的心情，在書寫的過程中也好好的檢視了一次自己。

在寫到某些章節時，難免想起了過去的難過或不愉快，未解的傷疤、沒聯絡的人。我也很懷疑自己，是否真的有立場與資格，用一種疑似感情教練的身分發言。

但後來回去看看，「放下，是一種暫時永無止境的練習」，默默告訴自己，雖然同樣的故事早就和不同的朋友說了好多次，不過是寫成文字而已，有什麼難的？但其實仍會在打下一字一句的時候，感到些許鼻酸。

回頭看看自己說的：「**放下只能一次一次來，感覺自己一次比一次更好了。接受自己還沒全好，但至少比上次好，也算是給了自己一種安慰。**」原來在陪你成為自己的光的同時，我也在陪我成為自己的光呢！偶爾會喜歡這樣的感覺，一邊前進一邊給了自己答案，這就是我想要傳達的感受。

因此我想再次強調，我並不想透過這本書提供任何權威性的解答。

我的想法是我個人的，只希望透過這樣的想法與經驗，引導出你內心的想法。當然，你也可以認為我的思考邏輯完全是錯誤的，這樣也很好，因為你得到了屬於自己的答案。

每個人身上都曾經有傷。或許此刻再看那些傷口並不是壞事，這些過去受過的傷，是為了要讓你能再勇敢一次，能讓我們一次次變得強壯，強壯到最後可以好好保護自己，有餘力再去照顧別人。

你是個航海的水手，過去你不會游泳，所以總在愛情海裡溺死。若你始終不承認自己不會游泳，只想賭一把，搭上永遠不會翻船的旅程，那將永遠學不會自救。

但或許，透過這本書正視自己的旅程，你開始學會游泳了。

永遠別怪罪自己為何不會談戀愛，如同永遠不該怪罪為何不懂得愛自己。因為從來沒有人教我們該怎麼做，每個人的成長與體會不同，也許只是比別人慢一點而已。

至少現在，我們有了一個全新的起點。

若有時間，再回頭翻翻一開始的十則問題，希望能在讀完這本書之後，再重新寫一次你現在的答案。

寫完後，和自己交叉比對，看看是否有了不同的見解和想法，不管有或沒有。可能有幾題一樣，幾題不同。若有不同，那你就需要試著成為旁觀者，去判斷、思考和整合，哪一個答案才是此刻的你真正想要的？而你又為什麼會給出不同的答案？你永遠是和自己最旗鼓相當的辯論對手。

若對這本書有任何的想法或回饋，都歡迎到米鹿的 Instagram 上留言給我。@deerdeer_milu，也或許你想用更完整的方式，也可以投遞至這次新開設的米鹿讀者信箱。我們下本書或下一支影片再見（對，我仍然會是一名 YouTuber，若有幸這本書存活十年，我們來看看十年後我會做什麼新的工作）。

最後到這裡，我想再和你說一次恭喜，也要和你說一聲謝謝，陪我完成了這一段旅途。

| Play list |

岑寧兒 - 追光者

一路戀習，陪你成為自己的光

作　　者｜米　鹿 DeerDeer

責任編輯｜楊玲宜 ErinYang
責任行銷｜鄧雅云 Elsa Deng
封面裝幀｜鄭婷之 zzdesign
版面構成｜張語辰 Chang Chen
校　　對｜李雅蓁 Maki Lee
攝影照片｜米　鹿 DeerDeer、陳　晨 C.Chen
　　　　　謝玉婷 YOT

發 行 人｜林隆奮 Frank Lin
社　　長｜蘇國林 Green Su

總 編 輯｜葉怡慧 Carol Yeh
主　　編｜鄭世佳 Josephine Cheng
行銷主任｜朱韻淑 Vina Ju
業務處長｜吳宗庭 Tim Wu
業務主任｜蘇倍生 Benson Su
業務專員｜鍾依娟 Irina Chung
業務秘書｜陳曉琪 Angel Chen
　　　　　莊皓雯 Gia Chuang

發行公司｜精誠資訊股份有限公司
　　　　　悅知文化
地　　址｜105台北市松山區復興北路99號12樓
專　　線｜(02) 2719-8811
傳　　真｜(02) 2719-7980
網　　址｜http://www.delightpress.com.tw
客服信箱｜cs@delightpress.com.tw
ISBN：978-986-510-259-3
初版一刷｜2022年12月　　　二刷｜2023年04月
建議售價｜新台幣360元

本書若有缺頁、破損或裝訂錯誤，請寄回更換
Printed in Taiwan

國家圖書館出版品預行編目資料

一路戀習,陪你成為自己的光／米鹿
DeerDeer著. -- 初版. -- 臺北市：精誠資訊
股份有限公司, 2022.12
　　面；　公分
ISBN 978-986-510-259-3(平裝)
1.CST: 戀愛 2.CST: 兩性關係

544.37　　　　　　　　　　111019482

著作權聲明

本書之封面、內文、編排等著作權或其他智慧財產權均歸精
誠資訊股份有限公司所有或授權精誠資訊股份有限公司為合
法之權利使用人，未經書面授權同意，不得以任何形式轉
載、複製、引用於任何平面或電子網路。

商標聲明

書中所引用之商標及產品名稱分屬於其原合法註冊公司所
有，使用者未取得書面許可，不得以任何形式予以變更、重
製、出版、轉載、散佈或傳播，違者依法追究責任。

版權所有　翻印必究

線上讀者問卷 TAKE OUR ONLINE READER SURVEY

愛情是生命中
最誠實的鏡子，
反映著你的模樣。

———————《一路戀習，陪你成為自己的光》

請拿出手機掃描以下QRcode或輸入
以下網址，即可連結讀者問卷。
關於這本書的任何閱讀心得或建議，
歡迎與我們分享 ☺

https://bit.ly/3ioQ55B

Finding THE ONE

戀習單

陪 你 找 到 最 好 的 他

一使用方法一 找個安靜不被打擾的角落,完成這張單子需要約 5 分鐘。
開始前,請先閉上眼睛,深呼吸幾次,讓我們透過這張戀習單的想像練習,一起找到只屬於你的,愛的樣子。

姓名 (綽號):　　　　　　　性別:☐男　　☐女　　　年齡:

---

1. 若讓你用五個詞彙形容他,你會怎麼說?

2. 約會中,如果你說:「我們結婚吧?」
他會說什麼呢?

3. 你最希望他陪你度過哪個節日?
你希望這天的約會是如何度過(早上、中午、晚上)?

節日:　　　　地點:　　　　時間:

內容:

4. 約會中，你最想和他聊的三個話題是什麼？

約會的聊天過程中，談論你或他的比重分別是多少？

①
②
③

你 ___% 彼此 ___% 他 ___%

5. 當你真的很愛、很愛他，在你們的婚禮上，你會和他說什麼？

6. 有任何戀愛煩惱，歡迎寫下來，將由米鹿親自為您解答。

回函活動辦法

① 將戀習單裝入信封, 貼上郵票寄出。
② 收件地址限台澎金馬, 收件截止日期為 2023.02.19(郵戳為憑)。
③ 提問內容將由本書作者: 米鹿, 親自在 IG(deerdeer_milu) 直播進行回答。
④ 來信可能於悅知文化粉絲團 (FB、IG)、本書作者: 米鹿粉絲團 (FB、IG) 等頁面公開分享, 姓名化名處理。
⑤ 請寄回 105 台北市松山區復興北路 99 號 12 樓 (02-2719-8811/ 鄧小姐 收)
(詳細直播時間, 請密切關注悅知文化、米鹿粉絲團)